全国教育科学规划教育部重点课题(批准号：DFA170292)

人口政策的变迁与我国教育经济发展的系统演化仿真研究

敖　山　著

吉林大学出版社

·长春·

图书在版编目(CIP)数据

人口政策的变迁与我国教育经济发展的系统演化仿真研究／敖山著. —长春：吉林大学出版社，2022. 1

ISBN 978-7-5692-9925-0

Ⅰ. ①人… Ⅱ. ①敖… Ⅲ. ①人口政策-影响-教育经济-经济发展-仿真模型-研究-中国 Ⅳ. ①C924.21 ②G52

中国版本图书馆 CIP 数据核字(2022)第 016525 号

书　　名：**人口政策的变迁与我国教育经济发展的系统演化仿真研究**
RENKOU ZHENGCE DE BIANQIAN YU WO GUO JIAOYU JINGJI FAZHAN DE XITONG YANHUA FANGZHEN YANJIU

作　　者：敖　山　著
策划编辑：黄国彬
责任编辑：冀　洋
责任校对：刘守秀
装帧设计：姜　文
出版发行：吉林大学出版社
社　　址：长春市人民大街 4059 号
邮政编码：130021
发行电话：0431-89580028/29/21
网　　址：http：//www. jlup. com. cn
电子邮箱：jdcbs@ jlu. edu. cn
印　　刷：天津和萱印刷有限公司
开　　本：787mm×1092mm　　1/16
印　　张：13.625
字　　数：220 千字
版　　次：2022 年 4 月　第 1 版
印　　次：2022 年 4 月　第 1 次
书　　号：ISBN 978-7-5692-9925-0
定　　价：78.00 元

前　言

经济增长是物质资本和人力资本在数量上和质量上提高的结果。在这里，物质资本和人力资本不仅相互联系，而且相辅相成、相互促进。而人力资本的有效性取决于其数量、结构和人力资本的质量，这三大要素和一个国家或地区的具体人口政策和教育水平有着直接的联系。作为世界人口大国，我国的人口问题一直是国内外学术界研究的热点。人口是社会发展的动力，对我国经济社会发展起到了非常重要的作用，而人口政策不仅影响着人口的结构和数量的变化，还影响着我国教育、经济的发展。

随着我国经济社会的转型发展，我国的人口形势发生了显著变化，新的人口政策导向并对之进行科学的分析论证，及时准确地对人口政策进行调整和完善是摆在我们面前的紧迫任务，自 2013 年底，“单独二孩”政策开始在全国范围内实施，随着经济社会发展和人口形势的变化，第十二届全国人大常委会第十八次会议表决通过自 2016 年 1 月 1 日起实施“全面二孩”政策，其实践效果和未来人口政策走向一直是学术界所关注的。本书希望用一个新的视角和理论模型对其进行阐述，对人口政策对于教育经济的发展的影响度进行仿真研究，最终区别我国不同的社会经济发展阶段下，人口政策对教育与中国经济发展的影响做出科学的预测和实证分析。

本书的研究方法遵循理论联系实际的指导原则，在深入分析人口学、教育经济学相关理论的基础上，对之进行讨论和改进，通过不同的实证模型对之进行实际量化检验分析。在实证研究方法上，首先对我国的人口政策变迁进行梳理并且对之仿真模型参数量化，除了传统的计量学模型及其改进形式外，将会结合较为先进的系统动力学和空间仿真相关研究方法，来解决教育经济学领域所涉及的复杂非线性问题，实践已经证明系统动力学理论对于复杂非线性经济系统微观仿真、宏观模拟问题具有其特有的优势。

从研究内容上，现在已有的对人口、教育投资与经济增长关系的研究，主要内容和方向大部分集中在如下三个方面：(1)对人力资本、教育投资和经济增长的回归模型研究，这一类研究主要利用计量经济学方法对相关数据进行分析，构建基于教育投资的总量生产函数，力图利用回归模型中的产出弹性系数度量我国人力资本和教育投资对经济增长的实际作用。(2)对人口增长，教育投资的动力、成本以及收益进行研究，测算教育投资的收益率，力图揭示人口增长、教育投资对社会的回报性，从而论证人口政策、教育投资的可行性。(3)理论阐述和比较人口政策、教育经济发展的关联度，就政策性问题进行定性分析和探讨，力图论证最适合我国经济发展的教育投资和人口政策导向。本书从我国人口政策的变迁开始，进行历史沿革分析，借助演化博弈分析和序列分析理论进行一种动态的研究，不仅仅包含人口数量，也包含人口结构、区域分布和人口质量对教育经济的关联度定性阐述和定量数据研究，为了更好地研究人口与教育经济在空间关系上的影响，本书利用空间系统动力学仿真方法研究了我国人口经济发展，对人口政策对于教育经济的影响进行了仿真演化分析并提出相关的政策建议。本书主要包括以下几个具体研究内容。

1. 基于知识图谱的我国人口研究现状分析

以 CNKI 期刊论文中的相关文献为研究对象，在文献计量分析、社会网络分析理论的基础上，应用 CiteSpace 及 Ucinet 工具对人口研究的作者、机构、热点和趋势进行可视化分析，绘制相关的知识图谱。研究表明：(1)我国人口研究大致分为初期起步、快速增长和成熟稳定三个阶段。随着人口老龄化的加重、“单独二孩”政策、“全面二孩”政策等现象和政策的出现，极大推动了人口研究的深度和广度。(2)我国人口研究的核心机构群发现以中国人民大学、北京大学、中国社会科学院等为核心组成的较为明显的科研机构合作网络，形成了该学科领域稳定且有影响力的研究团队。天津、吉林、上海等地的研究机构也呈现较好的发展趋势。(3)人口研究作者受到从属单位、地域等多方面因素的影响，其不同研究作者团队间的协作关系稀松，学术联系较弱。作者之间的合作网络关系单一，没有形成稳固的作者合作群。(4)我国人口研究领域热点基本集中在如下几大方面：人口老龄化与影响因素、经济增长与人口红利、可持续发展战略与教育、计划生育与人口结构、人口流动与城镇化等。从演变趋势上看，我国人口研究早期主要关注于计划生育、人口控制等，现在研究热点趋势逐步转移到人口结构、人口流动、新型城镇化和城乡一体化、老龄化与养老产业的内容。另一方面，由于人口研究问题的基础性和复杂性，所以对城市研究、社会保障、农村建设等其他社会经济研究领域都有深刻的影响，形成了广泛的交叉性人口研究学科。

2. 系统动力学仿真及其研究现状分析

本书对国内外系统动力学文献进行直观分析，了解国内外系统动力学研究发展现状与发展趋势变迁，为今后系统动力学的研究提供参考和借鉴，促进系统动力学更好的发展。以 1993—2018 年 CNKI 期刊论文和 Web of Science 期刊论文中的相关文献为研究对象，运用文献计量分析法和共词分析法，利用 CiteSpace 及 Ucinet 对管理学的研究热点和研究趋势做出可视化分析。通过分析，发现国内外系统动力学研究整体均呈上升趋势，但国内研究热度及发展趋势略逊于国外。对比国内外研究热点及趋势，发现系统动力学研究热点受政策、经济环境背景影响较大。运用系统动力学方法对新政策、新形势进行分析可能是国内学者今后研究的热点。

3. 人口政策与教育经济系统动力学模型构建与仿真研究

本书主要研究了人口政策的变化对人口、教育以及经济的影响。为了使模型更符合社会的实际情况，本书建立了一个包括人口子系统、教育子系统、经济子系统、环境子系统和资源子系统的社会系统，各个系统之间通过变量相互影响，并重点分析人口、教育和经济子系统。其中人口子系统和教育子系统分别从人口和教育的结构出发，将子系统分为各个阶段，并建立了各阶段的动态转化关系。经济子系统主要应用了 C-D 生产函数，建立了经济与人力资本、固定资产和科技水平的关系。环境子系统主要考虑了固废、废气和废水的存量情况。资源子系统则主要考虑了耕地面积和水资源存量情况。本书通过分析系统整体因果关系，绘制了各子系统流图，并展示了各子系统的方程式和参数值，且利用 Vensim 软件对建立的模型进行模拟仿真，并对模型进行了历史性检验和灵敏性分析，结果表明模型具有良好的有效性和敏感性。在此基础上，本书对人口政策的变化与人口、教育及经济的发展进行了仿真分析和讨论。

4. 基于空间系统动力学的人口经济仿真框架研究与分析

本书依据空间系统动力学的仿真原理，构建了一个空间系统动力学人口经济仿真模型，该框架分为仿真基础数据处理模块、系统动力学模块、空间关系处理模块和经济仿真决策评估模块，其中系统动力学模块和空间关系处理模块是该框架的核心模块。利用本书提出的框架设计并实现了我国人口经济的仿真模型，对我国人口经济的发展和空间结构变化进行仿真，通过对经济系统进行边界分析和变量关系分析，建立通用初始模型，然后利用批处理脚本将通用模型初始化为各个空间基本模型。通过模型测试后，对经济数据进行了趋势分析，在此基础上对空间数据进行层次聚类分析和网络联系结构分析，对仿真结果进行讨论和研究。

本书在理论研究和实践的基础上，不仅建立了基于属性特征的我国人口经济的仿真模型，而且建立了一个基于空间属性的系统动力学模型，其不同于以往的系统动力学模型将研究对象作为一个整体来考虑，还考虑到了人口社会经济研究当中的空间维度在其中的重要特征，弥补了我国人口研究当中空间特性仿真研究的不足之处，从一个新的研究方法和视角对我国人口政策研究起到了一定的借鉴作用。

由于本书介绍的研究涉及人口学、经济学、教育学、管理科学和计算机仿真等领域，跨度较大，其中的一些方法体系模型也还在不断完善和探索之中，因此必然有进一步修改和完善之处，还望相关学者专家批评和指正。

本书在编写过程中得到了北京大学教育经济研究所、河南理工大学相关专家老师的指导和建议，研究生常乐、吴伊宁同学参与了本书的编写工作。

本书相关的研究借鉴了一些国内外相关学者的研究成果，由于篇幅有限，难以一一列出，仅在此一并表示由衷的敬意和感谢！

本书得到了全国教育科学规划 2017 年度教育部重点课题“人口政策的变迁与我国教育经济发展的系统演化仿真研究”（课题批准号：DFA170292）的支持，在此表示感谢。

作者

2021 年 10 月

目　录

第 1 章　绪　论

1.1　研究背景及意义

1.1.1　研究背景

在经济社会中，人作为社会各种经济活动的主体，不仅会影响我国经济的发展，还会受到社会上各种因素的影响，其中，对人影响最为重要的因素就是人口政策。人口政策能影响人口的数量和结构，从而达到对人口的宏观调控。此外，人口政策在改变人口数量和结构的同时，也会进一步影响教育和经济的发展。而人口政策的核心内容就是根据社会发展的实际情况，确定有效的生育政策。

在人类的发展历程中，随着社会的变迁，生育政策对社会的人口、经济等都起到了重要的作用。随着 18 世纪 60 年代工业革命的展开，使得全球科技飞速发展。不断丰富的物质文化，提高了人们的生活水平，使得人口数量不断增加。1900—1970 年，世界总人口数以平均每年 1.16%的增速，从 16 亿上升到了 36 亿。1970—1999 年，世界总人口的平均增长率已提升到了每年 1.75%。但在人口数量高速增长的同时，由于对环境、资源等各种问题的忽视，导致对生物圈造成了严重的破坏。随着环境污染和资源浪费的日益严重，人们的生存压力也逐渐增大，因此可持续发展成为世界关注的重点问题。而制定正确、有效的生育政策，并有效控制人口数量，已成为 20 世纪以来世界各国，特别是发展中国家所要解决的重大问题。

中国作为世界第一人口大国和发展中国家，我国的人口政策也面临着巨大的考验和压力。我国人口政策需要根据我国人口数量和结构的变化不断调整，每做出一步调整都会使人口数量和结构发生变化，直接影响着整个社会经济的发展。20 世纪 60 年代前后，我国秉持鼓励生育的态度，致使人口大幅度增长。从中华人民共和国成立初期我国 5.4 亿人迅速增加到 1970 年的 8.3 亿人，给社会经济发展带来了巨大压力。

国家从 20 世纪 70 年代开始推行计划生育，崇尚“晚、稀、少”的观念，1980 年，《中共中央关于控制我国人口增长问题致全体共产党员、共青团员的公开信》，提倡一对夫妇只生育一个孩子。1978 年以后，计划生育政策正式执行，在此期间严格限制了一对夫妇生育的孩子数量，并规定每对夫妇只能生育一个孩子。计划生育被列为我国的一项基本国策，并鼓励晚婚、晚育、少生、优生。随着计划生育的实施，我国的人口数量明显下降，妇女的生育率在 1.4%左右，而国际上公认的合理生育率应为 2.1%左右，可见，我国妇女的生育率已明显低于合理水平。

40 多年来，我国人口过快增长的势头得到有效控制，资源、环境压力有效缓解，促进了经济快速发展和社会进步。生育率的下降，导致我国的新生人口逐渐减少，劳动力人口也随着减少，老龄化趋势日益显现，计划生育的弊端也越来越明显。为了提高我国的生育率，2013 年二孩政策开始执行，但在该政策下，人们的生育意愿和生育行为并没有产生根本的转变，使得我国的新生二孩数量并不能实质性地改变人口结构。迫于人口的压力，为了鼓励生育，2016 年，国家完全开放二孩政策开始实施。2015 年 12 月 31 日，《中共中央国务院关于实施全面两孩政策改革完善计划生育服务管理的决定》指出：“进入 21 世纪特别是‘十二五’时期以来，我国人口发展的内在动力和外部条件发生了显著变化。人口总量增长势头明显减弱，劳动年龄人口和育龄妇女开始减少，老龄化程度不断加深；群众生育观念发生重大转变，少生优生已成为社会生育观念的主流；家庭规模趋向小型化，养老抚幼功能弱化；人口红利减弱，以人力资本为核心的国际竞争优势有待进一步加强。这些变化对人口安全和经济社会发展带来新的挑战”。这是继 2013 年党的十八届三中全会决定启动实施“单独两孩”政策之后又一次人口政策的重大调整，具有里程碑的意义。2017 年初，国务院印发了《国家人口发展规划（2016—2030

年)》，国家卫生计生委公布了《“十三五”全国计划生育事业发展规划》。这两个人口发展规划都表明，中国计划生育政策完成了由“控制总量”到“调整结构”的转变。中国生育政策的变迁如表1-1所示。

表1-1 中国生育政策的变迁

阶段	时期
1. 鼓励生育政策阶段 2. 生育政策酝酿转变及反复阶段 3. 限制生育政策阶段	(1) 1949年—1953年，放任生育 (2) 1954年—1957年，政策转变酝酿 (3) 1958年—1959年，控制人口思想出现反复 (4) 1960年—1966年，确定限制生育政策 (5) 1966年—1969年，丧失政策实施环境 (6) 1970年—1980年初秋，全面推行“晚稀少”政策 (7) 1980年秋—1984年春，“晚稀少”调整为一孩政策 (8) 1984年春—1999年，生育政策调整为一、二、三孩的地区分类政策 (9) 2000年—2006年，稳定低生育水平政策时期 (10) 2006年至2012年，统筹解决人口问题时期 (11) 2012年至2013年，计划生育政策酝酿调整 (12) 2013年至2015年，“单独二孩”政策开始在全国范围内实施 (13) 2016年1月1日起实施“全面二孩”政策起

*资料整理参考：人口研究编辑部《中国人口政策的过去、现在与未来》《人口研究》，2007年第7期。

但从这些年人口数量变化情况可以看出，完全二孩政策并没有缓解我国人口增长率下降的趋势，自2000年迈入老龄化社会之后，我国人口老龄化的程度持续加深。中国发展基金会发布的《中国发展报告2020：中国人口老龄化的发展趋势和政策》指出，到2022年左右，中国65岁以上人口将占到总人口的14%，实现向老龄社会的转变。随着我国老龄化越来越严重，劳动力会严重不足，人口政策需要做出进一步的调整。

1.1.2 研究意义

中国是一个人口大国，因此人口问题一直以来备受关注。人口是社会发展的动力，对我国经济社会发展起到了非常重要的作用。如今，我国已经进入老龄化阶段，人口问题日益严重，如果没有及时调整，我国的社会经济发展将会面临严峻的挑战。

另一方面，经济增长是物质资本和人力资本在数量上和质量上提高的结果。在这里，物质资本和人力资本不仅相互联系，而且相辅相成、相互促进。传统的经济增长理论认为，对经济增长起主要推动作用的是物质资本的投资。而“人力资本”概念是由美国经济学家沃尔什在1935年第一次正式提出，到20世纪60年代形成了比较完善的人力资本理论，其代表人物主要是美国著名经济学家舒尔茨等。而真正用人力资本来解释持续的经济增长还应归功于新增长理论的代表人物卢卡斯，其增长模型实际上是阿罗模型和宇泽模型的结合。通过将人力资本作为一个独立的因子纳入经济增长模型中，并运用微观分析方法将舒尔茨的人力资本和索罗的技术进步概念结合起来，归结为“专业化的人力资本”，该理论认为专业化的人力资本积累才是经济增长的真正源泉。现在越来越多的经济学家通过研究认为，在经济发展的初期，物质资本对经济增长的贡献较大；而在中期，经济增长则主要是人力资本的投资所致，即一个国家和地区经济可持续发展的最终决定因素不仅取决于它的物质资源，更加取决于它的人力资源。而人力资本的有效性取决于其数量、结构和人力资本的质量，这三大要素和一个国家或地区的具体人口政策和教育水平有着直接的联系。因此，除了人口因素外，教育也是影响我国经济发展的关键因素。

在这中间，人口政策不仅影响着人口的结构和数量的变化，还影响着我国教育、经济的发展。我国庞大的人口基数，使得有效控制人口数量尤为重要，因此需要不断探索适合我国社会发展状况的人口政策。所以除了通过调整人口政策，来缓解老龄化的压力，还可以通过提高人力资本，有效增加劳动力带来的收益，给我国经济发展提供持续动力。

从研究方法上，随着相关理论的进展，越来越多的学者已经开始讨论人口内生增长模型可能导致的混沌路径或内生增长过程中的分叉点，将经济增长的研究引入到了复杂非线性方向；另外也有一些经济学家讨论了增长中的不确定性，尤其是在增长路径中存在多个均衡点的问题。同时，不少学者已经意识到，无论是沿着 Romer 的独立研究与开发部门研究路线进行的研究，还是沿着 Lucas 的人力资本溢出研究路线进行的研究，教育经济增长理论面临着的最大问题就是如何进行实证分析和检验，而传统的理论分析和数理统计方法，基于其固有的适用条件的约束性，并不适合于社会学、教育学和经济学这样的复杂非线性经济系统的研究，其只是对社会经济动态系统处于短暂平衡状态的近似度量。社会经济学仿真已经成了研究现实社会中动态经济学的一种必要的手段方法，社会经济仿真理论的很多成熟的思想和实验方法可以为教育经济的相关研究提供有益的借鉴和参考。但是现在，特别是国内实际教育经济学研究领域并没有得到较好的应用和理论发展。

本书将在实证研究方法上，除了使用传统的计量学模型及其改进形式外，将会结合较为先进的人工智能领域和系统动力学仿真相关研究方法，来解决教育经济学领域所涉及的复杂非线性问题。实践已经证明，人工智能方法和系统动力学理论对于复杂非线性经济系统微观仿真、宏观模拟问题具有其特有的优势。在研究工具上，将会借助 Matlab、Vensim 等先进的数理计算模拟仿真工具，依据社会经济学仿真理论，对人口、教育与经济发展关系的相关变量进行模拟仿真分析。在此领域研究方向上，鲜有相关研究文献展示，这可以为相关研究者提供更为全面、直观而连续的仿真计算结果，更有助于发现有意义的研究结论，从而为人口学、教育经济学研究领域提供了一个有效的社会经济学仿真环境，为相关研究提供一种新的研究方法，在当前我国人口政策调整检验时期，其更加具有现实意义和应用价值。

本书将利用系统动力学研究人口政策对我国人口数量和结构、教育、经济的影响，并将人口政策和教育结构相结合，分析人口和教育对经济的共同作用。为了更符合可持续发展要求，本书将建立由人口、教育、经济、环境和资源 5 个子系统构成的可持续社会系统，更全面地分析人口政策的影响。

1.2 国内外相关理论研究

1.2.1 人力资本理论

1. 国内人力资本书现状

20世纪80年代，我国开始对人力资本进行相关研究，尽管起步较晚，但相关研究发展迅速。中国学者李守生和黄永强介绍了以贝克尔为代表的[①]现代西方经济学人力资本理论，强调了人力资本的私有性质，将未来的生产率和收益看成是投资收益，并进行人力资本投资收益分析，模型假设边际成本的当前价值等于未来收益的当前价值，主要提出了对人力资本投资跨系、跨科的未来收入期望模型的展望，并对人力资本建设成本问题做了弥补，提出了提高政府的教育支出、教育投资多元化和推进国有企业制度现代化的指导意见。李建民教授在总结了前人所提出的人力资本相关理论研究后，并对个体和群体的人力资本进行了界定。他认为，个体的人力资本是经过后天教育培训会获得知识、技术、技能等提升自身价值的要素，而这些要素将会提升人的经济收益；而群体的人力资本这是群体中每个个体价值的整合。

2. 国外人力资本研究状况

在人力资本的研究中，经济学鼻祖亚当·斯密作出了杰出的贡献，他在《国富论》一书中初步提出了人力资本的思想，并强调了人作为社会主体的价值。而且，他认为工人的劳动熟练程度越高，就能节省更多的劳动时间，从而提高工作效率，增加经济收益。但必须通过一定时间的教育培训才能提高劳动的熟练程度，因此，需要相应的资本投入。法国政治、经济学家萨伊[②]认为人可以作为资本，这一资本由教育人所需的投资累计而成。并且他还认为，培养一个人需要长时间和高代价的培训，从而需要不断地投入即累计资本。英国著名经济学家马歇尔认为[③]，人作为一个资本，对其本身的投入越大，获得的收益也将越大，并且教育投资带来的资本将远大于所投入的花费。

---

① 李守身，黄永强. 贝克尔人力资本理论及其现实意义[J]. 江淮论坛，2001(05)：28-35. DOI：10.16064/j.cnki.cn34-1003/g0.2001.05：006.

② 萨伊. 政治经济学概论[M]. 北京：商务印书馆，1963.

③ 马歇尔：《经济学原理》上，陈良璧译，北京：商务印书馆，2010.

3. 人力资本的评估方法

在人力资本的评估上，主要有两种方法，分别是从产出和投入的角度来衡量人力资本。

从产出的角度来看，一般通过人带来的收益来表示其自身的人力资本。收益越大，人力资本就越大，收益越小，人力资本就越小。虽然这种观点从理论上看是合理的，但在实际的应用中却显露了许多弊端。往往人通过劳动所获得的工资和其自身的人力资本是不太匹配的。如大学生和高中生工作在同一个单位，并且工资相同，但大学生所受的教育明显高于高中生，因此人力资本是高于高中生的。所以，从产出的角度来评估劳动者的人力资本是不够精确的。

从投入的角度来衡量劳动者人力资本的方法有很多，如成本基础法、教育指标法、技术或职称法、人才与非技术劳动分解法等。其中，教育指标法通过教育成就或受教育水平来衡量。本书主要采用教育指标法来计算人力资本，并通过计算人们的受教育水平即受教育年限，来得到人力资本。

人力资本的受教育年限度量方法的计算公式如下：

$$H_t = \sum_{t=1}^{n} E_{it} h_i \tag{1-1}$$

其中，H_t 表示第 t 年的累计人力资本存量；E_{it} 表示第 t 年的学历为 i 的人口数；h_i 表示具有 i 学历的人的受教育水平。人的受教育程度能够很好地表示人自身的价值，因此可以很好地表示人力资本。

1.2.2　经济增长理论

1. 古典经济增长理论

古典经济理论是指由亚当·斯密和大卫·李嘉图为代表的著名经济学家们所提出的经济增长理论。古典经济理论认为劳动力、土地和资本是影响经济发展的主要因素，而在三个主要因素中，只有土地是不可变的，因此该理论将劳动力和资本视为核心因素。

亚当·斯密经济增长理论①。亚当·斯密关于经济增长问题的基本构思为

① 亚当·斯密. 国民财富的性质和原因的研究[M]. 北京：商务 印书馆，1972.

他认为经济发展与劳动生产率和劳动人口有关。当生产效率越高或者劳动人口越多时，社会经济增长就越快。合理的分工能有效提高劳动效率，进一步提高生产率，而分工则取决于一个国家的生产制度；劳动人口数取决于总人口数和资本的多少。在一个封闭的社会里，社会财富受本国资源和技术条件的限制，通过对外贸易能解除所受的限制。

大卫·李嘉图①在亚当·斯密的基础上，对经济增长理论进行了系统性的分析，并提出了三个主要观点：一是经济增长的来源为资本积累。通过利润的积累获得工业资本的发展力量促进经济的增长；二是提出了一元收入分配理论，认为工资、利润和地租三部分共同决定国家的总收入；三是提出了国际贸易理论，该理论成为现代贸易理论的开端。他认为各国之间只要存在着产品、技术上的差异，各国就可以按照自己的优势生产出口产品。

2. 资本积累理论

20 世纪 40 年代，英国经济学家哈罗德和美国经济学家多马②在凯恩斯宏观经济理论的基础上，建立了"哈罗德–多马模型"，开启了现代经济数理模型的里程碑。他们针对以往研究的不足，认为经济发展是一个长期的和不断变化的过程，并量化了经济发展的长期、动态过程。该模型的前提条件是均衡增长率、实际增长率和自然增长率应该保持相等，当均衡增长率和实际增长率不一致时，会导致经济出现短期波动，当均衡增长率和自然增长率不一致时，会导致经济参长期波动。但往往现实社会经济的增长很难满足假设前提，因此很多经济学家们认为该模型不符合实际情况，很难被应用到现实生活中。

3. 外生经济增长理论

20 世纪 50 年代中后期，经济学家索洛和斯旺③对资本决定论提出挑战，并提出了新古典增长理论模型，即"索洛–斯旺经济增长模型"。该模型所考虑的经济体是封闭的，在一个封闭的经济体中，产出等于收入，投资额等于储蓄额。此外，时间不会直接在生产函数中表达，只有当投入是随时间变化时，产出才随时间变化，且生产函数的规模报酬不变。该模型虽然弥补了哈罗德–

① 大卫·李嘉图. 政治经济学及税赋原理[M]. 北京：商务印书馆，1976.

② 郭熙保，王翊. 现代经济增长理论的演进历程[J]. 当代财经，2001(4).

③ 罗伯特·M·索洛，胡汝银 译，经济增长理论：一种解说[M]，上海：上海人民出版社，1994.

多马模型的缺陷，但其自身也存在许多不足，其对经济增长最重要的解释变量是外生的技术进步，如果没有技术进步，经济就会收敛于稳定状态，显然无法解释各国的经济增长率和收入差异。

4. 内生经济增长理论

20 世纪 60 年代，学者们开始质疑哈罗德-多马模型，认为该模型用外生技术解释经济增长缺乏说服力，他们逐渐开始将内生技术应用于经济增长模型中，内生经济增长理论也由此产生。该理论的产生标志着经济增长理论又得到了进一步的发展，该理论认为要实现经济的持续增长，不能依靠外生技术，内生技术的发展才能维持经济稳定持续的发展。1962 年，美国经济学家阿罗在其文章《边干边学的经济含义》中，首次把作为外生技术进步变量内生于经济增长理论模型中，提出了“干中学”模型。继阿罗之后，日本经济学家宇泽弘文于 1965 年提出了两个部门的内生经济增长模型。20 世纪 80 年代，美国经济学家罗默以阿罗模型为起点和基本要素，将宇泽弘文的模型作为思想源泉，进一步推动了“内生增长”理论的发展。1988 年，卢卡斯①结合舒尔茨人力资本理论，借鉴索洛、罗默和宇泽弘文的模型研究方法，强化了人力资本的重要性，提出将人力资本内生化构建经济增长模型。卢卡斯认为人力资本的外部效应能够促进生产实现边际效益递增，同时能克服其他生产要素的边际递减效应。

对于人口增长对经济发展的影响这一问题，我国学者也有不同的看法和相关研究，有人认为人口的增长对经济有促进作用，有的人认为会制约经济的发展，而有的则认为没有影响。20 世纪 60 年代前后，对于人口增长和经济发展的关系问题，主流观点是人口增长会促进经济的发展。但在 20 世纪 80 年代前后，马演初人口论的提出，使人们得到了新的认识，主流观点认为人口的增长不利于经济的发展。2010 年前后，人口结构发生转变，人们普遍认为需要提高生育率，增加人口数量来维持经济的发展。

人口与经济发展的关系一直存在争议。1988 年，李维森②将人口增长与

① 小罗伯特 · E. 卢卡斯：《经济周期模型》，姚志勇，鲁刚译. 中国人民大学出版社，2003.

② 李维森. 西方学者在人口增长对经济发展的影响问题上的争论[J]. 经济研究，1988(7)：7.

经济发展关系划分为 3 个阶段，即人口增长有利于经济的增长、人口增长不利于经济的增长、人口增长与经济发展之间的关系是不断变化的。穆光宗[①]在 1997 年从需求的角度出发，分析了人口增长效应问题，并将人口增长对经济发展的影响视为一种“乘数效应”，其中包括“需求效应”和“需求引致效应”，从需求引致消费和生产的角度对经济发展到一定阶段后，人口增长所产生的正向影响进行了解释。刘霞辉[②]在 2006 年将人口增长理论、制度经济学、经济增长理论和发展经济学纳入一个统一的分析框架中，通过对比工业革命模型和标准增长模型，发现不同模型对人口增长的基本假设存在差异。

1.2.3 人口预测模型研究

在国内外关于人口预测模型的研究中，多数模型是关于单方面的人口研究，例如人口的数量和结构。在早期阶段，主要采用线性曲线，通过分析人口总量和出生率的线性关系预估总人口数量变化。该方法过于简单、粗略，并且考虑因素过于单一，因此得到的结果也不太准确，而且忽略了人口死亡率等各种重要因素，与实际情况不符。随着统计学和社会学的逐渐成熟，人们考虑的因素越来越全面，除了考虑人口自身的因素外，还考虑了社会的各种影响因素，并通过统计学方法建立各因素的关系，使得模型更加复杂，更接近实际情况，因此预测结果的准确度得到了很大程度的提升。

国外关于人口预测的研究开始的较早，其人口预测研究方法主要是基于数学和统计方法。1798 年，马尔萨斯提出了马尔萨斯模型，该模型主要使用几何级数来估计人口[③]。之后，荷兰数学家、生物学家推出了 logistics 生物种群模型的预测方法。用这种方法预测的人口变化趋势呈 S 形，即人口增长率在早期阶段是增加的，在后期阶段将逐渐减少，最后会逐渐稳定。这种发展与大多数事物的变化趋势一致。随着系统动力学在人口方面的研究越来越成熟，系统动力学方法已经成为人口预测中最常用的方法。在系统动力学的应用研究上，福雷斯特教授在 1971 年出版的《世界动力学》中，提出了世界模型Ⅱ，这为研究可持续社会发展的复杂模型开了先例。该模型是一个非常复杂

---

① 穆光宗. 人口增长效应理论：一个新的假说[J]. 经济研究，1997(06)：49-56.

② 刘霞辉. 从马尔萨斯到索洛：工业革命理论综述[J]. 经济研究，2006(10)：108-119.

③ 托马斯·罗伯特·马尔萨斯. 人口原理[M]. 中国人民大学出版社：，2018. 7.

的世界模型，其中考虑了可持续发展中的许多因素。随后，他的学生德内拉·梅多斯带领研究团队在他的基础上进行了进一步的研究，并提出了世界模型Ⅲ，进而衍生出了偏重人口研究的人口系统。

国内最开始主要使用学习西方的人口预测方法，也是采用数学和统计方法进行人口预测。1980年，中国著名的学者宋健利用概率的方法建立了人口发展模型，该模型在人口预测中取得了很好的效果，并得到了广泛的认可①。20世纪70年代末80年代初，邓聚龙教授提出了灰色系统理论(简称灰理论grey theory)，该理论被广泛应用于社会、人口、经济等多个领域，该理论的提出使得可以开展更多不可预见因素对人口发展影响的研究，使得人口研究更接近现实情况。随着神经网络的兴起，人们提出了基于时间序列的BP神经网络和logistic与灰色理论相结合的研究方法，使得人口预测更加准确，得到了业界的一致认可和广泛应用②。

进行人口生育水平预测往往需要大量准确的数据，搜集的数据越准确，估计的结果也就越精确。我国20世纪80年代的生育率调查和人口普查曾被认为是世界最高质量的人口调查，国内的人口研究取得了较好的成果，因此很多国外学者也开始研究中国的人口状况。但随着计划生育的实施，我国人口普查的数据质量越来越差，导致关于我国生育率的研究进展并不顺利。为了准确预估我国20世纪90年代的生育率情况，人口学家翟振武和陈卫，用1991—2000年出生人口数代替2000年0~9岁的人口，并对2000年人口普查数据中0~9岁的年龄性别结构进行了调整③，研究结果表明我国生育水平已经低于更替水平。学者张青针改进了总人口和生育率指标，并重新计算了1994—2004年我国的总和生育率，研究结果表明，我国的生育率由1994—1996年的1.8左右下降到了2001—2004年的1.62左右④。

人口预测模型的构建往往要考虑多种影响生育水平的因素，如有社会政

---

① 宋健，于景元，李广元. theory on prospect of population evolution processes[J]. Science in China, Ser. A, 1981(3): 431-444.

② 邓聚龙. 灰色控制系统[J]. 华中工学院学报，1982(03)：9-18. DOI：10.13245/j.hust.1982.03：2.

③ 翟振武，陈卫. 1990年代中国生育水平研究[J]. 人口研究，2007(01)：19-32.

④ 张青. 总和生育率的测算及分析[J]. 中国人口科学，2006(04)：35-42+95

治、经济水平、文化教育、道德、宗教、风俗等。其中，最主要的因素是经济水平、文化教育、社会政治。

(1)经济因素。一个国家经济的发展往往会对生育水平产生影响。一般而言，经济水平越高，生育水平就越低；反之，经济水平越低，生育水平就越高。总而言之，经济水平与生育率呈负相关。在分析影响家庭生育子女数量因素的研究上，很多学者从微观的角度出发进行了相关研究，并得出了很多结论。例如，西方的成本-效益理论使用经济学上将效用和成本进行比较的方法来确定一个家庭生育孩子的数量，而且该理论认为孩子具有三种效用，即为家庭带来机会以增加收入，为年老或意外情况下的父母提供安全保障，提供父母精神上的满足感。在孩子能提供效益的同时，也会带一定的代价，包括直接和间接代价。间接代价是指妇女会因为抚养孩子而失去接受高等教育和晋升的机会，有的甚至会因为带孩子而放弃职业，这样间接导致了一部分经济损失；直接代价是指因抚养孩子而增加的开销。

(2)教育文化因素。各种研究表明，妇女的教育文化水平越高，其生育率就越低。20 世纪 50 年代以来，我国妇女的生育率逐渐降低，文盲和半文盲占总人口的比重也明显降低，可以看出，两者具有相同的变化趋势。如今，人们对教育的要求越来越高，国家对高学历人才的需求也越来越大，导致教育一个人孩子的成本也越来越高。随着知识经济时代的到来，社会对知识型劳动者的需求日益上升，因此进一步拉大了高新技术人才和一般劳动者的工资差距。在我国“科教兴国”发展战略的影响下，我国的人才竞争日趋激烈，家庭对孩子的学历期望也逐渐提高，人们的生育观已由多生转变为少生、优生、优教。

(3)社会政治因素。人口政策能够有效调控人口发展，是根据每个国家的人口发展状况而制定的。生育政策是人口政策的核心内容，也是调整人口的结构和数量的关键手段。生育政策分为两类，分别为鼓励生育政策和限制生育政策。以计划生育为例，计划生育是我国提出的限制人口增殖的生育政策。计划生育的实施，限制了每个家庭生育孩子的数量，使中国生育率开始急剧下降，达到了控制人口的效果。由于计划生育的实施，中国于 20 世纪末成功地完成了生育率的转变，并进入了低生育率水平阶段。

第 2 章　研究内容与方法

作为世界人口大国，我国的人口问题一直是国内外学术界研究的热点。随着我国经济社会的转型发展，我国的人口形势发生了显著变化，新的人口政策导向并对之进行科学的分析论证，及时准确地对人口政策进行调整和完善是摆在我们面前的紧迫任务，自 2013 年底，“单独二孩”政策开始在全国范围内实施，随着经济社会发展和人口形势的变化，“第十二届全国人大常委会第十八次会议表决通过自 2016 年 1 月 1 日起实施“全面二孩”政策起，其实践效果和未来人口政策走向一直是学术界所关注的。本书希望用一个新的视角和理论模型对其进行阐述，基于人口政策对于教育经济的发展的影响度进行仿真研究，最终区别我国不同的社会经济发展阶段下，人口政策对教育与中国经济发展的影响做出科学的预测和实证分析。

2.1　研究内容

从研究内容上，现在已有的对人口、教育投资与经济增长关系的研究，主要内容和方向大部分集中在如下三个方面：(1)对人力资本、教育投资和经济增长的回归模型研究，这一类研究主要利用计量经济学方法对相关数据进行分析，构建基于教育投资的总量生产函数，力图利用回归模型中的产出弹性系数度量我国人力资本和教育投资对经济增长的实际作用。(2)对人口增长、教育投资的动力、成本以及收益进行研究，测算教育投资的收益率，力图揭示人口增长、教育投资对社会的回报性，从而论证人口政策、教育投资的可行性。(3)理论阐述和比较人口政策、教育经济发展的关联度，就政策性问题进行定性分析和探讨，力图论证最适合我国经济发展的教育投资和人口政策导向。本书将从我国人口政策的变迁开始，进行历史沿革分析，借助演化博弈分析和序列分析理论进行一种动态的研究，不仅仅包含人口数量，也包含人口结构、区域分布和人口质量对教育经济的关联度定性阐述和定量数据研究。

1. 相关理论研究

我国现行的计划生育政策在实施过程中衍生问题逐步显现。而我国的人口治理模式所依据的理论依然是人口数量控制理论，它是与人口过快增长和计划经济体制相适应的人口政策理论，已不能有效解决我国在新的社会经济发展条件下所面临的新问题。在理论研究方面，人口、教育、经济增长这三者是相互影响，相互促进的，人口政策不仅仅作用于人口数量、人口构成和人口分布等领域，也间接影响和改变着人力资本质量，而人口正是教育的基本对象和加工产品，一个国家的教育产业，教育水平和规模在一定程度上和其人口政策有着密切的联系。而另一方面，教育的投入是人力资本积累和增长的主要途径，其通过增加人力资本存量间接影响经济的发展，这其中有很重要的一部分是通过人力资本对全要素生产率的影响来实现的，这也是其最主要的影响方式；其次，教育投资将会与其他影响因素(如资本投入)产生协同效应、挤占效应，共同对经济增长产生影响。因此，如何阐述人口和教育的内生化和外部性理论是研究其对经济发展关系理论的基础理论假设，许多国内外的学者对之进行了深入研究，得出一些不同的理论框架和研究结果。

2. 适用模型研究

基于人口理论、教育经济增长理论，国内外许多学者从不同的角度出发构建了相应的适用模型，基本上分为两大类：(1)以较早的舒尔茨、丹尼森为代表的指标体系模型，其依据历史数据和对教育人力资本的理论思想，通过构建相应的教育人力资本衡量体系来度量人口和教育对经济发展的贡献率。(2)以卢卡斯和罗默为代表的经济增长模型，其依据新增长理论，运用生产函数和统计计量方法对人力资本和教育经济发展关系进行统计计量研究。本书将会在分析讨论上述模型的基础上，对之进行改进，并且引入现代较为先进的系统动力学和人工智能方法对之进行建模仿真研究，在仿真模型构建上会借助演化博弈理论进行设计，并将首次对人工智能仿真方法和传统计量方法在教育经济学中的应用进行对比阐述。

3. 基础变量定义

本书作为实证研究项目，不可避免地涉及实证模型建立和相关参数具体的定义，特别对于像生产函数这种框架型理论计算模型来说，其中资本投入和劳动力存量并没有一个具体的指标衡量，并且很多数据在可取得性上面存在很大问题，现在很多研究在前期理论阐述分析较为严谨，而在实证模型参数选择上面，存在很大的主观性和盲目性，这样使得最后的实证结论丧失了其应有的论证基础。本书将人口、教育影响因子对经济发展的基础变量分析和定义作为重要的阶段性成果目标。

4. 政策模拟仿真分析与建议

本书基于先进的系统动力学和人工智能理论对我国人口政策对教育经济的影响进行建模仿真研究，其具有直观可量化的特点，并且可以在计算机系统上进行人口理论的模拟实现，从一个新的视角和理论模型对其进行分析阐述，并在此基础上，对我国经济快速、平稳、高效的发展提供科学有效的政策建议，其具有重要的理论指导和积极的现实意义。本书将在前面相关研究的基础上，对我国人口政策对教育经济发展的影响进行实证模拟分析，并对其进行理论分析讨论，为相关政府职能部门的决策提供重要的理论基础和参考依据。

2.2　研究的基本思路和方法

2.2.1　研究方法

本书研究方法遵循理论联系实际的指导原则，在深入分析人口学、教育经济学相关理论的基础上，对之进行讨论和改进，通过不同的实证模型对之进行实际量化检验分析。在实证研究方法上，首先对我国的人口政策变迁进行梳理，并且对之仿真模型参数量化，除了传统的计量学模型及其改进形式外，将会结合较为先进的人工智能领域和系统动力学相关研究方法，来解决教育经济学领域所涉及的复杂非线性问题(图 2-1)，实践已经证明人工智能方法和系统动力学理论对于复杂非线性经济系统微观仿真、宏观模拟问题具有其特有的优势。

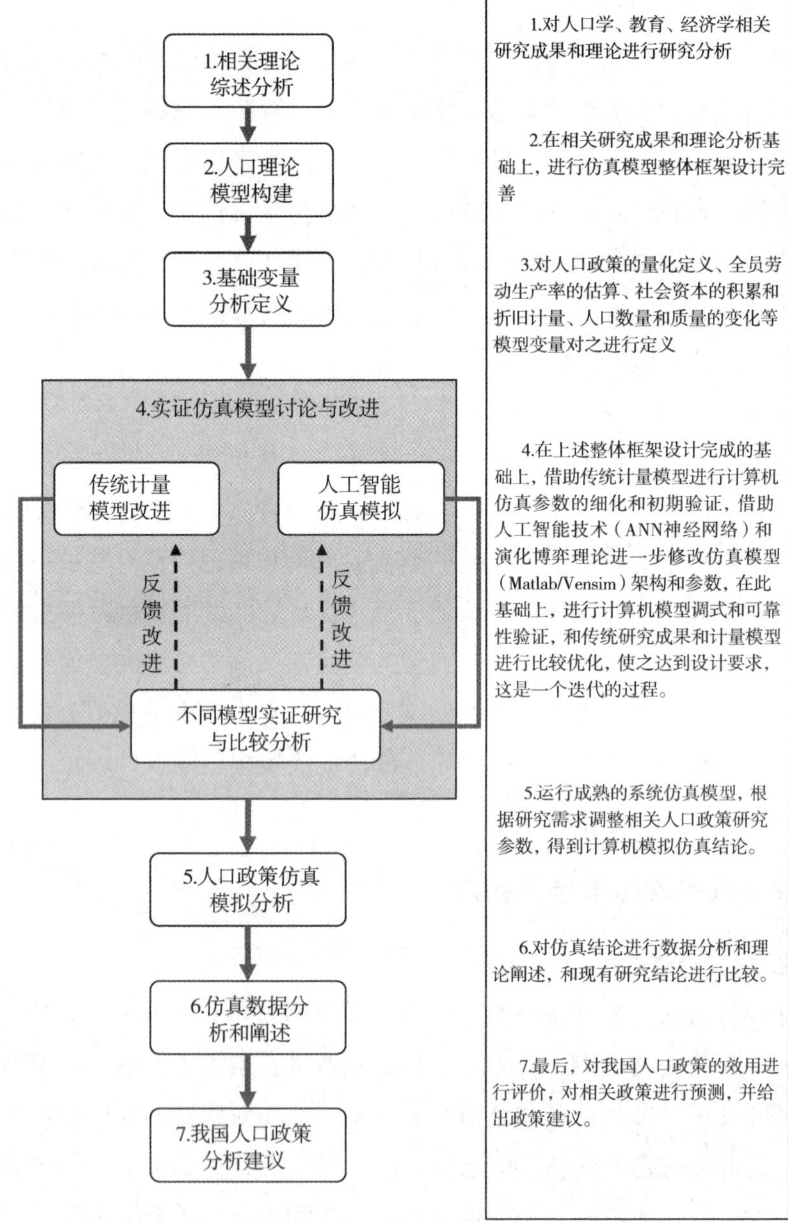

图 2-1　研究总体框架

1. 文献分析研究

通过阅读文献，了解国内外相关方面的研究状况以及国内生育政策的发展历程。通过搜集我国国家统计年鉴关于人口、经济、教育、资源、环境的历史数据，初步解了我国人口、经济、教育、资源和环境方面的历史和现实情况，分析人口政策与人口、教育、经济的关系和影响因素，为建模提供基础性指标和数据支撑。

2. 指标描述研究

通过参考相关文献，将系统已有的各种因素归纳总结，通过自己的理解和验证，确定最具代表性的各类指标，并将各指标叙述解释出来。通过各指标的确定和描述，整理需要的数据，从而确定参数值。

3. 系统动力学仿真方法

系统动力学相较于其他研究方法的优势在于可以通过变量间的相互关系来确定复杂的系统，且可以进行仿真模拟实验，操作性好。在本书中，以我国的人口、教育、经济、环境和资源为研究对象，在确定了各子系统的边界后，进一步确定各子系统的构成因素以及各因素之间的影响关系，从而建立人口与教育经济系统动力学模型。

在研究工具上，将会借助 Matlab 等先进的数理计算模拟工具，依据经济学仿真理论，对人力资本、教育与经济发展关系的相关变量进行模拟仿真分析，这里分为两个方面的仿真(图 2-2)，一方面，在微观层面上采用神经网络(ANN)方法，对之进行不同微观经济个体的模拟；另一方面，在宏观层面上采用系统动力学方法，构建不同经济个体之间的循环反馈结构关系，其中会借助演化博弈理论来辅助构建计算机仿真模型，通过仿真系统运行，以期产生宏观“涌现”现象，发现或者解释相关理论。这可以为研究者提供更为全面，直观而连续的计算结果，更有助于发现有意义的研究结论，从而将该领域微观个体行为和宏观系统规律进行了统一解释。

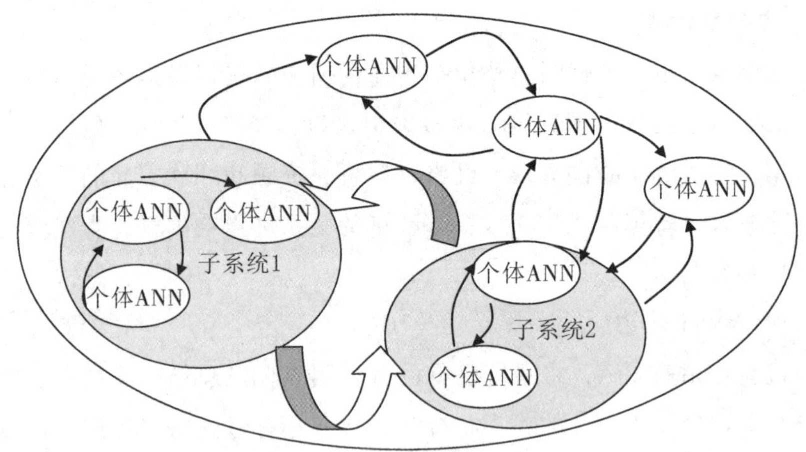

图 2-2　简单系统仿真示意图

2.2.2　具体研究路径

第一，分析了选题背景和国内外研究现状，并对生育水平以及人口与经济的关系进行了综述，并说明了研究方案。

第二，阐述研究涉及的相关理论，主要理论有人力资本理论、经济增长理论和系统动力学相关概念。

第三，分析我国人口政策对人口、教育和经济的影响因素，并通过阅读文献和查阅资料，将我国社会系统分为人口、教育、经济、环境和资源五个子系统，并初步确定了各子系统的指标变量。

第四，在确定系统边界和初始指标变量的基础上，经过不断筛选，选取最具代表性的变量作为最终的系统变量。然后分析模型的因果关系，并绘制模型总的因果关系图和流程图。通过分析数据，初步确定各参数值。对模型进行灵敏性和历史性检验，确定模型的有效性和真实性。

第五，根据实际情况，进一步调整各参数的取值，并对模型进行仿真分析。然后通过改变关键指标的参数值，来模拟不同水准下，我国人口、教育、经济的变化。通过分析不同参数值组合下的仿真结果，给出相关建议。

第六，对研究结果进行最后的总结，分析不足之处，并讨论对研究的展望。

本书具体研究路径如图 2-3 所示。

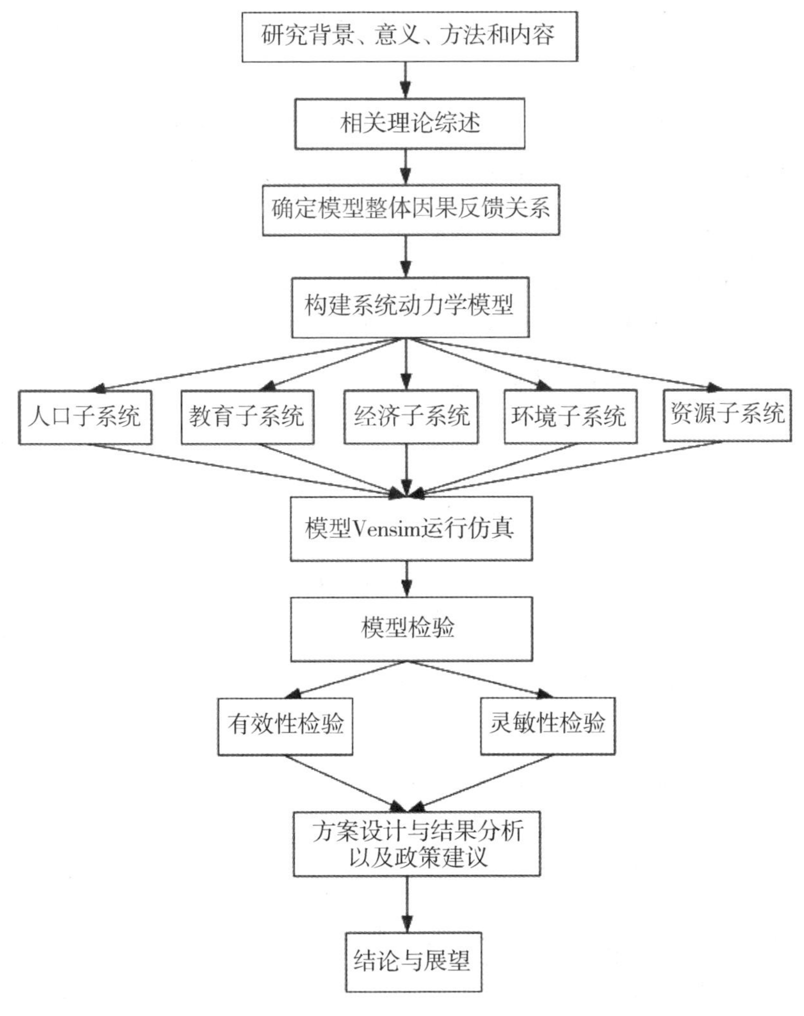

图 2–3　具体研究路径

2.3　研究的重点和难点

1. 人口对教育经济发展影响相关理论的改进

如前所述，人口政策不仅仅作用于人口数量、人口构成和人口分布等领域，也间接影响和改变着人力资本质量。人口、教育和经济发展之间存在着复杂的演化博弈过程，这种复杂的相互作用机制，许多著名的学者都进行过深入研究，西蒙·库兹涅茨在《人口增长和有关经济变量的长期波动》一文中，从长期动态的角度，研究了人口与经济增长之间的联系，分析了美国经济增长波动和人口要素的趋势。他认为，人口是经济增长波动的主要因素，从历史的角度总结出了人口增长对经济发展往往产生积极影响的结论。而另一方面，美国人口学家胡弗研究发现，人口迅速增长会对发展中国家经济发展产生严重负作用的结论，很多经济学家也都提出类似观点。在计量实证研究方面，丹尼森运用“因素分析法”计算出从1927—1957年国民收入年增长率中有35%是教育的人力资本提升作用①。我国学者依据总课时为教育年限计算出1952—1978年教育对经济增长的贡献为20.7%，采用劳动生产率法测算的1952—1978年教育对国民经济的贡献为9.4%。②

由上述研究结果可以看出，国内外学者对于人口对教育经济发展影响的作用结论有很大差异，虽然在研究区域、时间区间有所区别，但即使是相似的时间区间其研究结论也会由于理论模型和方法的不同产生极大的差异，表明人口、教育与经济发展关系理论上并没有一个通用的范式和理论体系，因此本书一个重要而基础的任务是要研究各种理论的优缺点和适用范围，并且加以改进。

2. 实证计算机模型中的基础变量定义

作为实证研究项目，不可避免地涉及实证仿真模型建立和相关参数具体的科学定义，这是本书成功的基础条件。涉及不同时期的人口政策的量化定义、全员劳动生产率的估算、社会资本的积累和折旧计量、人口数量和质量的变化等一些需要参照实证计算机模型对之进行定义的变量。这不仅需要大量的历史数据资料支持，更需要深入研究相关领域知识，做出科学的定性和定量的分析，并克服很多研究在实证模型参数选择上面所存在的主观性和盲目性。这是本书的一个阶段性和基础性的研究目标。

---

① Denison E F. The sources of economic growth in theUnited States and the alternatives before U. [J]. Journal of Political Economy. 1962，70(5)：508-509.

② 谭永生. 教育所形成的人力资本的计量及其对中国经济增长贡献的实证研究[J]. 教育与经济，2006(01).

3. 系统动态仿真模型的建立和检验

人口、教育、经济系统仿真模型的建立是作为实际经济系统映像的系统模型，它可以很方便地从多种角度和假设条件出发去研究整个系统中的多个对象，观察整个系统的发展和演化状态，但其要真实地描述系统的运行、演变及其发展过程，首先需要对整个仿真系统所涉及的实际经济系统内在运行机制有较为科学的认识。这种认识不一定是对系统的整体运行机理，因为人们往往对整体发展状态的把握由于其涉及对象的繁杂而难以实现，但对局部的对象运行把握较为准确，这种对个体规律认识的科学性是建立整个仿真系统的基础。在此基础上，对整个经济系统的框架运行结构的科学性、合理性、有效性的检验也是本书计算机仿真系统成功的必要条件，这种检验是一种多重迭代反馈的过程，在此需要较为深厚的人口学、教育学、经济学专业领域知识和系统计算机仿真方面丰富的工程经验。

第3章　基于知识图谱的我国人口研究现状分析

前面的章节概要论述了当前人口研究的相关理论和进展，本章具体阐述我国在人口研究领域的热点，并对其演化过程进行分析。如前所述，人是社会存在的前提与基础，而人的发展与国家的兴衰关系密切，且在人类发展过程中会产生一系列的人口问题。进入21世纪后，我国人口问题发生了重大变化，老龄化加重、劳动力不足、人口流动、人口结构等问题开始逐渐显现。中国人口问题的变化将会对国家发展产生巨大的影响。解决人口问题需要国家制定相关的政策进行调整，一个国家的人口政策，是国之大计。合理的人口政策有利于国家的稳定和发展，能否根据人口形势的变化对相关政策做出及时的调整，是考验政府执政能力的重要指标。而人口研究则对人口政策的制定起到重要作用。自2001年起，国务院就陆续颁布了关于计划生育的相关规定——“单独二孩”政策、“全面二孩”政策。

人口研究一直是社会关注的热点，成果层出不穷，而学术界在人口研究现状方面的分析讨论多集中于人口老龄化、人口流动、人口自然变动、人口计生工作等方面。其分析方法除了传统理论分析和计量方法外，很多研究基于知识图谱方法、社会网络分析方法以及SATI计量分析等方法，其研究内容涉及共现网络、合作网络、层次聚类等。本书借助知识图谱相关理论，根据从CNKI中获取的有关“人口研究”为主题的相关数据，绘制人口研究的机构、作者合作网络，来探索我国人口研究的现状、研究热点以及未来发展趋势。

3.1 知识图谱分析方法与 CiteSpace

在科研工作中，我们常常需要面对海量的文献，如何在这些文献当中找出值得精读、细读的关键文献，挖掘学科前沿，找到研究热点就成了开展研究之前首先需要解决的问题。知识图谱(knowledge graph)，在图书情报界称为知识域可视化或知识领域映射地图，是显示知识发展进程与结构关系的一系列各种不同的图形，用可视化技术描述知识资源及其载体，挖掘、分析、构建、绘制和显示知识及它们之间的相互联系。

具体来说，知识图谱是通过将应用数学、图形学、信息可视化技术、信息科学等学科的理论与方法与计量学引文分析、共现分析等方法结合，并利用可视化的图谱形象地展示学科的核心结构、发展历史、前沿领域以及整体知识架构，从而达到多学科融合目的的现代理论。它把复杂的知识领域通过数据挖掘、信息处理、知识计量和图形绘制而显示出来，揭示知识领域的动态发展规律，为学科研究提供切实的、有价值的参考。迄今为止，其实际应用在发达国家已经逐步拓展并取得了较好效果，但它在我国仍属研究的起步阶段。

Cite Space 中文名是引文空间，是陈超美(外籍科学家)老师带头研发的知识图谱应用软件。其是一款着眼于科学分析中蕴含的潜在知识，是在科学计量学、数据可视化背景下逐渐发展起来的一款引文可视化分析软件。由于是通过可视化的手段来呈现科学知识的结构、规律和分布情况，因此也将通过此类方法分析得到的可视化图形称为“科学知识图谱”①。Cite Space 可以发现某一学科领域的研究进展和热点，追踪这一领域的研究发展历史，并用直观生动的图形表示出来，其是知识图谱研究领域重要的研究工具之一。

Cite Space 作为一款优秀的文献计量学软件，能够将文献之间的关系以科学知识图谱方式可视化地展现在操作者面前，既能帮助我们梳理过去的研究轨迹，也能使得我们对未来的研究前景有一个大概的认识。自引进国内，该软件受到了广泛的关注及应用。本书借助 Cite Space 和 UCINET 作为分析工具，其中主要利用 Cite Space 软件通过共现分析、机构、作者合作网络、文献

① 摘自李杰. Cite Space 中文版指南

耦合等可视化功能，探索我国人口研究学科领域的演化路径和发展前沿。而UCINET是社会网络分析的常用工具，其关注的是某一节点与其他节点之间互动。目前，国内已有学者将社会网络分析应用于知识合作网络演变的研究。本书主要将社会网络分析用于构建人口研究领域的合作网络的辅助分析工具，具有一定的可行性与适用性。

3.2 数据来源与处理

鉴于获取数据的真实性与可靠性，本书以中国学术期刊出版总库（CNKI）数据库为数据来源，由于CNKI中包含了众多不同类型高质量期刊，为了更好的分析中国人口研究进程，本书以“主题=人口研究”、年份“2000—2019”年进行高级检索。为排除不相关文献的干扰，进一步对检索结果进行检查、整理，剔除会议通知、新闻报道、会议征稿、综述与没有作者信息等和本次研究无关的数据，以保证研究的可信度，最终获得有效数据7346条。并以此作为本书的最终分析样本。通过运用CNKI具有的“导出/参考文献”工具，将所获取的数据按照Refworks文献格式导出，确保每篇有效文献均包含作者、机构、关键词、摘要、发表日期等信息。

3.3 人口研究知识图谱分析

3.3.1 发文量统计分析

某领域科研成果数量能较好地反映出该领域的科学水平和发展前景，绘制的我国人口研究年度发表文献量分布统计图(图3-1)。其大致可分为初期起步阶段(2000—2005)、快速增长阶段(2006—2013)、成熟稳定阶段(2014—2019)三个阶段。

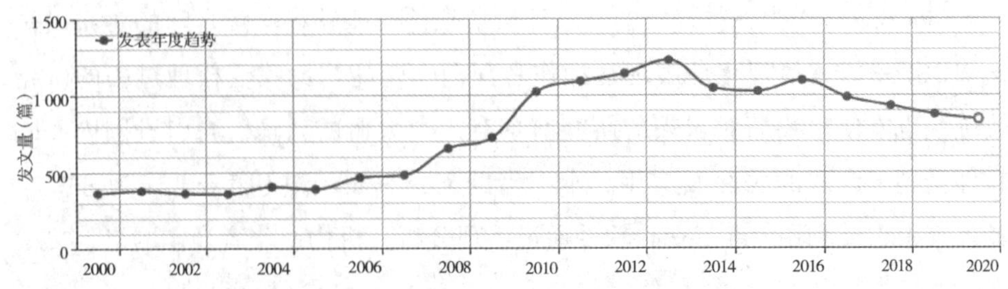

图3-1 CNKI中以“人口研究”为主题的年度发表文献量分布统计

(1)2000—2005 年，人口研究处于初期起步阶段，发文量基本维持在 370 篇/年。发文量从 2000 年的 361 篇到 2005 年的 392 篇，年均增长量约 8 篇/年。此阶段我国人口政策处于稳定低生育水平政策时期，全面推行的“一孩政策”相关政策讨论逐步出现。以老龄化、出生人口性别比、计划生育政策和生育水平为主要研究主题。

(2)2006—2013 年，人口研究处于快速增长阶段，发文量从 2006 年的 457 篇到 2013 年的 1027 篇，年均增长率约 71 篇/年，虽然在 2009 年出现下降，但是总体呈上升趋势。其中 2013 年发文量达到最高。在此期间，我国有关人口政策的讨论层出不穷，计划生育政策酝酿调整。2013 年 11 月，《中共中央关于全面深化改革若干重大问题的决定》中提出了“单独二孩”人口生育政策。

(3)2014—2019 年，每年的发文量维持在 900 篇左右，我国人口研究步入成熟稳定阶段。在此期间，我国人口政策处于快速转型期，2015 年 10 月，十八届五中全会针对我国生育政策做出了调整和完善，积极应对人口老龄化加重的现状，并提出了“全面二孩”政策。2016 年 1 月 1 日，“全面二孩”政策实施。随后，对“独生子女”政策的评价，对未来人口政策的走向讨论成为研究焦点。

3.3.2　研究机构合作网络分析

1. 机构合作网络

研究机构是推动相关学科发展的主要力量，对我国人口研究机构进行量化统计，发文量居于前 20 位的机构如表 3-1 所示。高等院校及其研究机构是我国人口研究的中坚力量，2000—2019 年间中国人民大学(包括中国人民大学人口与发展研究中心、社会与人口学院等)共发文 407 篇，居研究机构发文量首位。其次北京大学(包括北京大学人口研究所、社会学系等)共发文 283 篇，中国社会科学院发文 199 篇。南开大学(151 篇)、吉林大学(151 篇)、华东师范大学(147 篇)、首都经济贸易大学(141 篇)，发表的文献数量也位居前列。

表 3-1　人口研究主要机构(发文量前 20 位)

发文量	机构	节点中心性	中间中心性
407	中国人民大学	37	830.1
283	北京大学	36	905.922
199	中国社会科学院	28	448.564
151	南开大学	25	287.778
151	吉林大学	9	45.22
147	华东师范大学	11	86.122
141	首都经济贸易大学	14	83.991
134	中国科学院	31	682.822
122	复旦大学	16	168.19
107	南京大学	21	374.703
102	中山大学	18	191.134
101	武汉大学	20	197.225
74	西南财经大学	13	207.521
73	兰州大学	8	37.83
68	中南财经政法大学	10	22.063
65	北京师范大学	15	90.3
60	浙江大学	13	130.387
59	华中科技大学	8	58.506
54	西安交通大学	7	40.257
49	上海财经大学	17	171.049

从研究机构合作网络中心度进行分析，中国人民大学、北京大学、中国科学院、中国社会科学院、南开大学、南京大学，其合作网络中心性位居前列，其在整个人口研究相关知识网络中占据重要的地位，而华东师范大学、首都经济贸易大学和吉林大学，虽然发文量较高，但其合作网络中心性相对较低。

通过 CiteSpace 创建我国人口研究机构知识图谱，最终得到了节点数为 236，连线数为 274，密度为 0. 0099 的机构网络图谱(图 3-2)。大多数人口研究机构围绕核心研究机构群构成一个大的合作网络，构成该领域的核心研究机构群，在我国人口研究中占据着重要的地位。

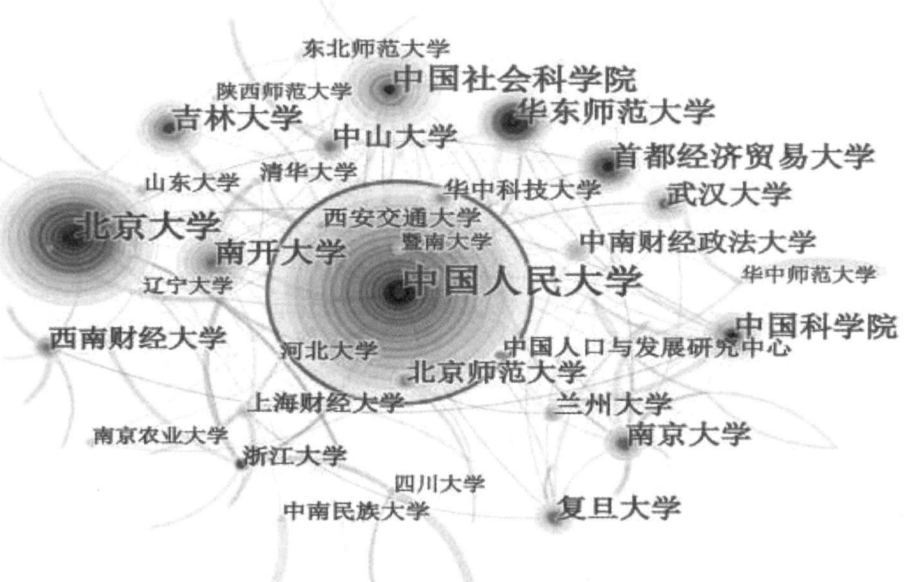

图 3-2　机构合作网络图谱

2. 机构合作团体

为了进一步研究人口研究机构的团体聚类特征，运用 UCINET 进行多尺度分析(图 3-3)，其中 Stress 值为 0. 01，若 Stress 值>0. 2 表明被研究者之间的关系在降维时受到了扭曲，导致层次划分不明显；而 Stress 值≤0. 2 表示结果满意，0 表示完全匹配。可见，计算得到的多维尺度分析结果较为满意，多维尺度分析结果显示了 50 个研究机构可大致分为 5 个类团。

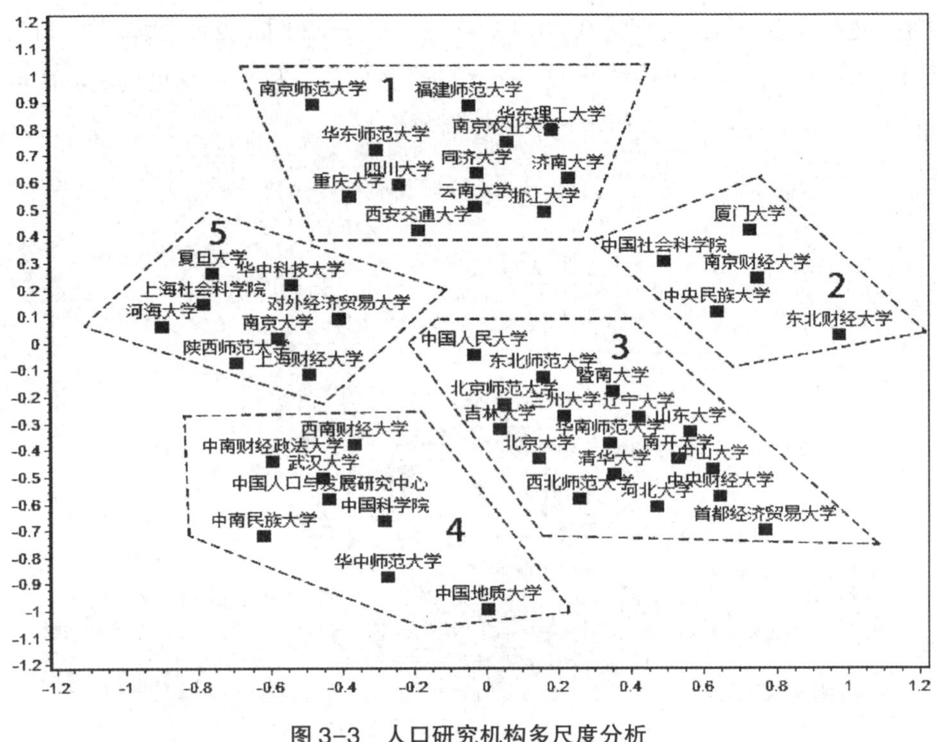

图 3-3　人口研究机构多尺度分析

类团①包括华东师范大学、南京农业大学等，研究主方向为人口健康。人口健康包括身体健康和心理健康。首先，劳动人口的健康是国家经济发展的源动力，健康水平的提高将很大程度上缓解老龄化的问题，有利于我国实现“健康红利”，而不只是“人口红利”；其次，健康的心理会促进社会安定与发展。所以在我国经济快速发展的现状下，关注人口健康是十分必要的。

类团②包括中国社会科学院、东北财经大学等，主要研究方向为人口结构，我国人口结构性现状是老龄化和少子化严重，不利于人口可持续性发展，制约了我国经济社会的发展。因此，对于人口结构相关问题的研究已经迫在眉睫。

类团③包括中国人民大学、北京大学和吉林大学等，主要研究方向为人口流动与城镇化。要实现国家现代化建设必须经过城镇化建设，而人口流动特别是农民工的流动加速了我国城镇化建设速度。我国人口基数大，劳动力素质偏低，在实现城镇化的过程中会出现流动人口户籍、子女教育等问题，引起学者们的关注。

类团④包括中国科学院、中南民族大学和中国人口与发展研究中心等，研究方向为老龄化。人口老龄化的加重是影响地方劳动力供给、工资、社会抚养负担等经济变量的重要因素。还会出现家庭养老能力的降低，老年人对生活条件、医疗保健的需求突出等问题。

类团⑤包括复旦大学、上海财经大学等，主要研究方向为性别比，人口性别比是衡量男女人数是否均衡的标志。性别比失衡会引发众多社会问题，"娶妻难"、婚姻买卖现象会增多、婚外性行为会增多，不利于家庭稳定、社会和谐等。

3.4　研究作者合作网络分析

3.4.1　作者发文量统计

本书数据共有作者数 749 名，人均发表文章约 10 篇，统计人口研究领域发文量排名前 15 的作者(表 3-2)，其中段成荣(中国人民大学)、童玉芬(北京大学)、原新(南开大学)、穆光宗(北京大学)和王桂新(复旦大学)发文量居于前列，而朱宇、杨菊华、王金营、高向东、陈卫和李若建发文量都在 20 篇以上。他们无疑都是人口研究领域重要的研究学者，但除了发文的绝对数量外，还要从在整个网络结构中评价其重要性，其中一个重要的指标就是中心性。可以观察到，原新、段成荣、陈卫、陈友华、翟振武和穆光宗有较高的点度中心度指标，其与其他作者的合作率较高，其中陈友华(13 篇)、翟振武(16 篇)虽然其发文量不高，但他们的中介中心性相对较高，翟振武的中介中心性更是排名第一，说明其控制较多资源，对于合作网络流动来说至关重要，在合作网络中处于比较核心的地位。而段成荣、陈卫、陈友华、原新和王桂新的中介中心性也居于前列。

整体来看，童玉芬、朱宇、杨菊华、王金营和高向东虽然其与其他作者也有一定合作，但这些作者更偏向独立发文，如童玉芬仅与李建新有少量合作，其从人口研究合作网络结构核心性来看，还有所不足。

表 3-2　发文量排名前 15 的作者

发文量	作者	点度中心性	中间中心性
41	段成荣	8	614.167
40	童玉芬	4	4.5
38	原新	10	234.75
34	穆光宗	6	72.5
33	王桂新	5	223.5
28	朱宇	4	53
28	杨菊华	2	22.417
26	王金营	3	7
26	高向东	1	0
23	陈卫	8	299.5
21	李若建	1	0
19	张善余	3	105.000
18	林李月	3	0
16	郑晓瑛	1	0
16	翟振武	6	729.167

高产核心作者是一个学科研究的中坚力量，对该研究领域的发展必然起到至关重要的作用，高产作者与其他作者具有紧密和稳定的合作，能更好地推动学术研究的发展和创新。

依据普赖斯定律：

$$M \approx 0.749\sqrt[2]{N\mathrm{max}} \tag{3-1}$$

其中，M 表示核心作者最低发文数；$N\mathrm{max}$ 表示发文最多的作者。计算后得到核心作者最低文献数 $M=4.797\ 35$，表示发文量在 5 篇以上的为核心作者，共计 121 位，共发表论文 2 815 篇占总论文数的 38%，表明我国在人口研究领域内虽已形成具有一定规模的核心科研群体，但还有待进一步加强。

3.4.2　合作网络统计分析

为了研究人口研究作者的团体特征，采用 Cite Space 得到节点数为 749，连线数为 451，密度为 0.001 3 的作者合作网络(图 3-4)。图中作者所在的圆代表该作者发表文章的数量，圆的直径和作者发表文章的数量成正比，连线则代表作者之间有合作，线条的粗细表明合作程度，而颜色的不同则表示作者在不同年份有发表文献或合作关系。

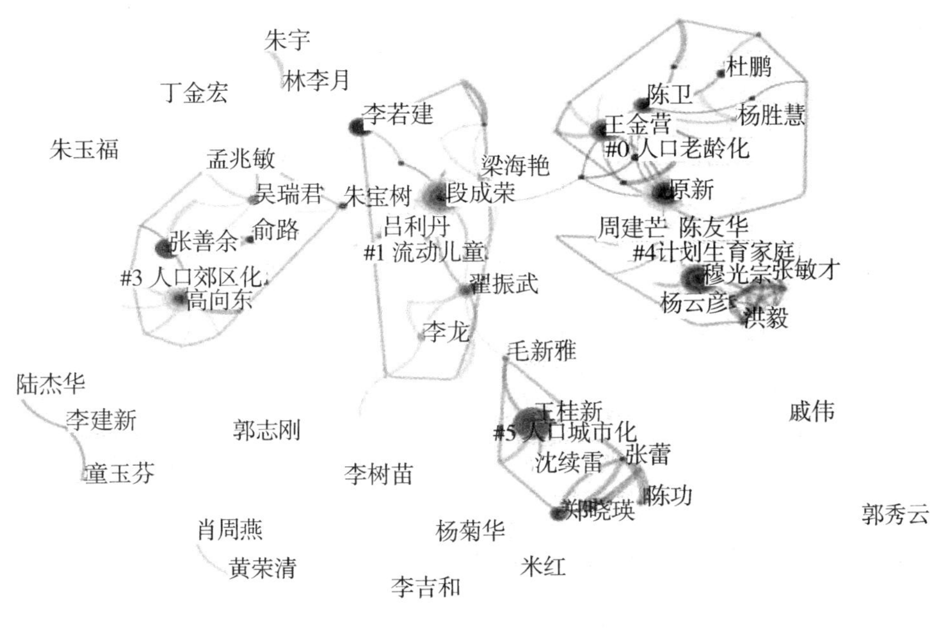

图 3-4　作者合作网络图谱

为了进一步了解作者合作关系，对主要合作团体及其研究主题进行了归纳总结，如表 3-3 所示。从团体规模来看，以原新、王金营为核心的团队规模最大，团队中包括 24 名作者，团队发文数为 173 篇，主要以原新为代表发文 38 篇，内部相互间的联系最紧密，合作关系相对复杂，科研领域主要表现在人口老龄化、老年抚养比、人口规模等层面；以段成荣、李若建为核心的团队包括 22 名作者，主要研究主题为在人口流动背景下的流动人口子女的教育、生活等问题；以穆光宗、陈友华为核心的团队包括 14 名作者，主要研究主题为计划生育背景下的人口承载力、人口发展战略、性别比等；以高向东、张善余为主的团队主要研究主题为人口流动和经济发展背景下的人口郊区化等相关问题；以王桂新、郑晓瑛为主的团队，研究主题则是人口流动和经济发展背景下的人口城市化等相关研究。

表 3-3 合作团队及其研究主题

团队人数	主要人员名单	研究主题
24	原新，王金营，陈卫，杜鹏，于学军等	人口老龄化，老年抚养比，人口规模，老年健康状况等
22	段成荣，李若建，翟振武，吕利丹等	流动儿童，留守儿童，省际人口流动，流动意愿等
16	高向东，张善余，吴瑞君，俞路等	人口郊区化，滞留率，经济发展，近郊区，人口变迁等
14	穆光宗，陈友华，杨云彦，周建芳等	计划生育家庭，人口承载力，人口发展战略，人口安全等
10	王桂新，郑晓瑛，张蕾，毛新雅，陈功等	人口城市化，经济增长，区域经济，人口聚集区，城镇规模等

3.5 人口研究热点与演化分析

3.5.1 我国人口研究热点多尺度分析

本书数据集共筛选得到关键词有 30 903 个，篇均关键词约为 4.21 个，同一关键词在不同论文中总计出现 100 次及以上者有 19 个(见图 3-5)，出现 50 次及以上者有 50 个，出现 20 次及以上者有 148 个。关键词排序前 19 名中，“流动人口”(812 次)出现频率最高，这表明国家以及学者对流动人口问题的重视。中国正处于快速发展时期，每年有大约 1 亿的人口流动，这已经成为不可抗拒的人口发展趋势。同时，随着流动人口的增多，关于农民工就业、劳动力流失、流动人员子女教育等问题也随之出现。为此，众多学者对我国流动人口所存在的问题进行分析，并在此基础上提出合理性的建议。

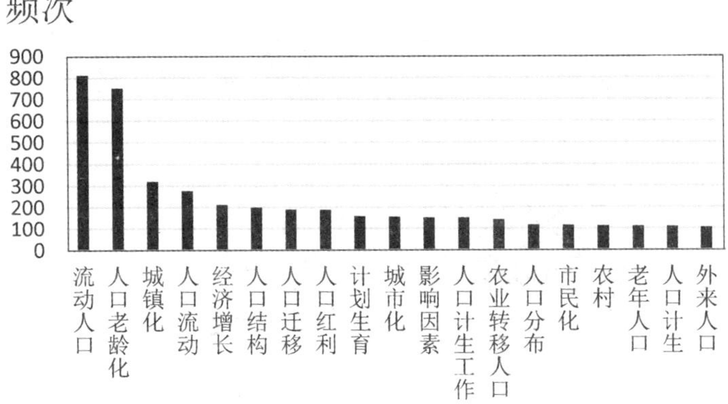

图 3-5　(2000—2019)关键词频次统计(≥100)

排名第二的关键词是“人口老龄化”(751 次)，随着老龄化现象的加重，为有效解决老龄化问题，研究人员从建立和完善养老保险、福利保障体系、医疗保险、老年社会救济、制定二孩政策和改变生育观念等多方面提出解决方案，力求从根本上解决老龄化问题。

采用 Cite Space、Ucinet，运用聚类分析和多尺度分析，对关键词进行聚类，得出近 20 年来人口研究领域热点。

根据图 3-6 和图 3-7 联合分析可得，研究领域的热点主要集中在以下几个方面。

(1)经济增长与人口红利。主要涉及经济增长、人口红利、社会保障、人口结构等内容。改革开放后，我国经济快速增长，归根结底就是我国的人口结构优势，劳动力占总人口比重大，抚养比低，这种条件也被称之为“人口红利”。但随着经济的增长，人口结构的改变，“人口红利”将会逐渐消失。

(2)可持续发展与教育。国家的发展必然要走可持续发展道路，但是在可持续发展过程中会出现“绊脚石”，其中最根本和关键的因素是人的观念和素质，而提高国民素质的最有效方法就是教育。因此教育在可持续发展过程中有着举足轻重的地位，我国应提高教育普及程度，对教育结构进行优化，以期提高全民素质，更好地实现可持续发展战略。

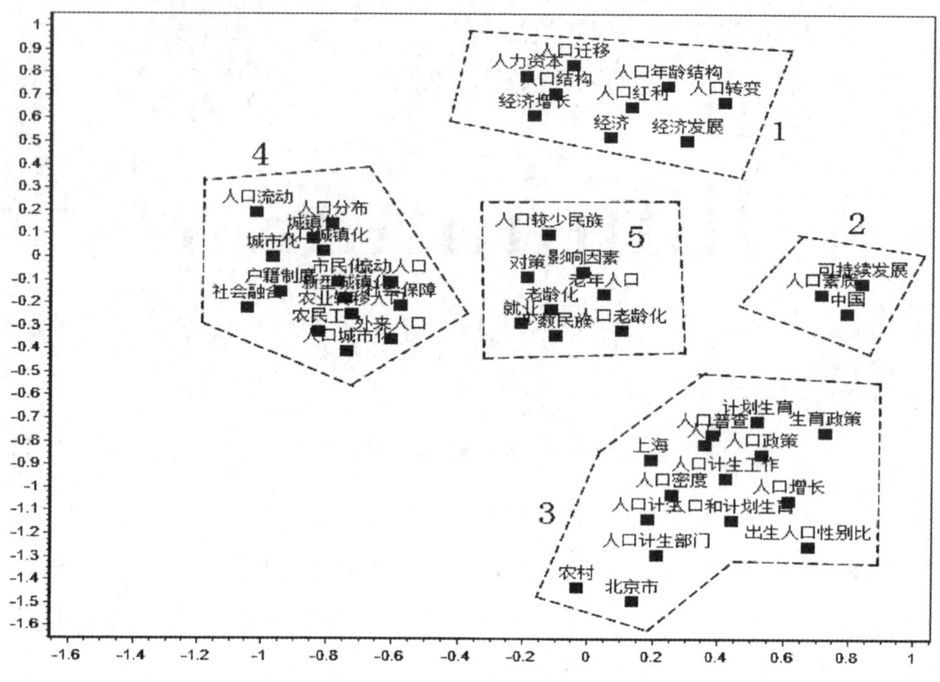

图 3-6　我国人口研究关键词多维尺度分析

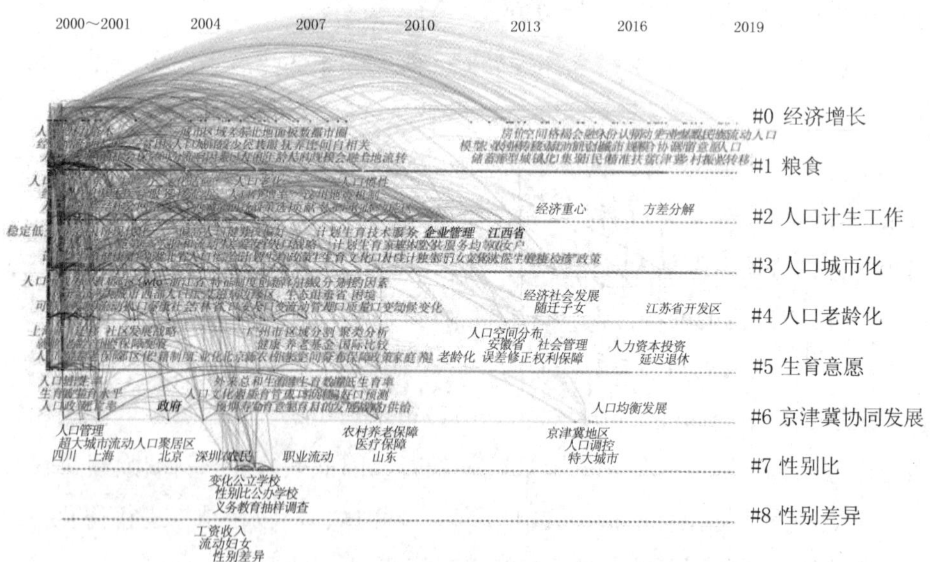

图 3-7　人口研究领域 timeline 视图分析

(3)计划生育与人口结构。主要涉及人口计生工作、生育意愿、性别比例、“二孩”政策、劳动力供给等主题。自计划生育政策实施以来，政策理念深入人心。计划生育主要是为了控制人口增长速度，因为人口增长过快会引发资源稀缺、生态危机等问题，所以控制人口增长速度最有效的方法就是实行计划生育。而计划生育政策的施行又会影响妇女的生育意愿以及造成男女性别比例的失衡等问题。

(4)人口流动与城镇化。主要包括人口流动、人口迁移、流动人口、城镇化、劳动力转移、人口分布、流动人口子女教育等研究热点。随着国家产业结构的调整，劳动密集型的产业由我国经济发达地区向中西部转移，城镇化速度也随之加快，农民工选择从一线城市向二三线城市转移就业，地区也会增加与周边城市的互动，人口迁移也就随之发生了变化。

(5)人口老龄化与影响因素。主要包括老龄化、老龄产业、老人抚养比、退休年龄、老年人健康、影响因素等关键词。随着人口老龄化问题的日益严峻，学者们提出要建立健全养老机制，解决养老问题，做到老有所养、老有所依。为了解决老龄化加重阻碍社会发展的问题，把老年人身体健康、退休后再教育、退休后再培训等结合起来考虑，这样的做法是为了能够延迟退休年龄，使劳动人口规模增大，降低劳动人口赡养退休人口的数量。

3.5.2　研究主题的演变趋势

前文已从多方面呈现出我国 20 年人口研究的现状，下面根据 CiteSpace 爆发性检测生成突现词列表(表 3-4)，从时间上对该领域研究的演化路径加以呈现。

表 3-4　关于人口研究的 38 个突现词

开始时间	结束时间	强度	主题	开始时间	结束时间	强度	主题
2000	2007	6.0231	计划生育工作	2004	2009	5.6553	郊区化
2000	2002	3.2198	就业	2004	2008	5.9401	人口转变
2000	2002	4.4944	人口统计	2004	2008	6.6755	流动人口管理
2000	2006	3.5326	人口年龄	2005	2008	5.3203	人口城市化

续表

开始时间	结束时间	强度	主题	开始时间	结束时间	强度	主题
2000	2004	9.2752	可持续性发展	2009	2010	5.3245	性别比
2000	2005	5.3344	人力资源	2009	2012	15.4327	人口和计划生育
2000	2004	7.7251	人口控制	2010	2013	4.8412	人口健康
2000	2004	8.2031	生育率	2010	2013	5.7035	人口承载力
2000	2003	3.8789	人口比重	2010	2013	23.3185	出生人口性别比
2000	2004	11.9947	资源	2011	2014	4.503	人口红利
2000	2005	5.6806	人口数量	2012	2015	5.722	劳动力供给
2000	2005	20.8409	可持续发展	2013	2019	5.6862	经济增长
2000	2005	3.0599	人口变迁	2013	2019	8.3199	人口老龄化
2000	2003	5.0459	生育水平	2013	2019	9.0143	土地城镇化
2000	2005	3.4033	总和生育率	2013	2019	3.4341	少儿抚养比
2000	2003	6.3618	人口问题	2014	2019	9.4471	人口集聚
2001	2004	10.335	人口素质	2014	2019	30.513	城镇化
2004	2009	7.4562	流动人口子女	2014	2019	4.8717	农民工
2004	2006	4.7059	社会保障	2014	2019	19.537	农业转移市民化

(1)2000—2003 年，此阶段人口研究突现词为计划生育、就业、可持续发展、人口比重、人口控制等。这个时期人口研究的热点聚焦于计划生育背景下的人口控制层面。自新中国成立以后人口数量快速增长，庞大的人口数量导致了资源消耗、就业困难等问题。2000 年，我国《关于加强人口与计划生育工作稳定低生育水平的决定》，提出“在实现了人口再生产类型的转变之后，人口与计划生育工作的主要任务将转向稳定低生育水平，提高出生人口素质”。2002 年，《中华人民共和国人口与计划生育法》开始正式施行。

(2)2004—2008 年，此阶段流动人口子女、郊区化、人口城市化、流动人口管理等相关研究明显增多，研究热点相对集中在人口流动的相关内容上。2004 年以来，城镇化的快速发展促使了人口的城乡转移，大量务工人员向发达地区集聚，这导致了流动人口就业、户籍管理等问题。2006 年，国务院发布《关于解决农民工问题的若干意见》，解决农民工工资发放、社会保障、民主权益和就业等问题。

(3)2009—2013 年，此阶段突现词集中在人口与计划生育、人口红利、性别比、劳动力供给等。研究热点主要集中在计划生育以及人口结构等相关问题上。自计划生育政策实施以来，导致了出生率偏低、性别比失衡、劳动力供给不足、老龄化加重等问题，人口政策的调整势在必行，我国在 2013 年开始实施"单独二孩"政策。

(4)2014—2019 年，人口年龄结构、农业转移市民化、土地城镇化、人口年龄结构、人口集聚等研究热点突显，城市化、城市融入、人口流动，流动人口子女教育等问题成为这个时期研究的热点问题。其中 2016 年，国务院先后印发了关于农业转移人口市民化、统筹推进城乡教育一体化等相关文件，推动城乡一体化发展。

随着我国城乡一体化发展和国家产业结构的调整，增强了农村对于外出务工人员的吸引力，使得部分外流的农民工开始回流，返乡的人口流动现象增加。我国先后发布了《中共中央国务院关于实施乡村振兴战略的意见》和《乡村振兴战略规划(2018—2022 年)》，特别强调要全面深化农村改革，推进农业的现代化建设、新农村建设，提升乡村的整体发展水平。2019 年《中共中央国务院关于建立健全城乡融合发展体制机制和政策体系的意见》和《2019 年新型城镇化建设重点任务》更是明确指出，国家新型城镇化建设最主要的内容是推动城乡一体化发展。与此同时，随着人口老龄化社会的到来，我国印发了《养老服务标准体系建设指南》、《关于开展老年护理需求评估和规范服务工作的通知》，规范了代养院等老年护理机构的服务工作，推动养老产业的发展。在此社会发展的大背景下，我国人口研究热点的转化也与时俱进，人口结构、人口流动、新型城镇化和城乡一体化、老龄化与养老产业等将成为我们所必须面对的社会热点问题。

3.6　小结

本节以 2000—2019 年 CNKI 期刊论文中的相关文献为研究对象，在文献计量分析、社会网络分析理论的基础上，应用 Cite Space 及 Ucinet 工具对人口研究的作者、机构、热点和趋势进行可视化分析，绘制相关的知识图谱。可以发现，目前国内人口研究具有如下特征：(1)我国人口研究大致分为初期起步、快速增长和成熟稳定三个阶段。随着人口老龄化的加重、“单独二孩”政策、“全面二孩”政策等现象和政策的出现，极大推动了人口研究的深度和广度；(2)我国人口研究的核心机构群，以中国人民大学、北京大学、中国社会科学院等为核心组成的较为明显的科研机构合作网络，形成了该学科领域稳定的有影响力的研究团队。天津、吉林、上海等地的研究机构也呈现较好的发展趋势；(3)人口研究作者受到从属单位、地域等多方面因素的影响，其不同研究作者团队间的协作关系稀松，学术联系较弱。作者之间的合作网络关系单一，没有形成稳固的作者合作群；(4)我国人口研究领域热点基本集中在人口老龄化与影响因素、经济增长与人口红利、可持续发展战略与教育、计划生育与人口结构、人口流动与城镇化等方面。从演变趋势上看，我国人口研究早期主要关注于计划生育、人口控制等内容，现在研究热点趋势逐步转移到人口结构、人口流动、新型城镇化和城乡一体化、老龄化与养老产业等内容。此外，由于人口研究问题的基础性和复杂性，所以对城市研究、社会保障、农村建设等其他社会经济研究领域都有深刻的影响，形成了广泛的交叉性人口研究学科。

第 4 章　系统动力学仿真及其研究现状分析

4.1　系统动力学相关概念

4.1.1　系统动力学的形成与发展

现代社会经济学研究中，很重要的一种方法是社会经济仿真方法。社会经济仿真是指利用计算机技术对经济系统进行建模与仿真的方法。传统经济学研究中，数理定量分析方法一直是主流研究方法，这类方法以某种约束为前提，对各经济要素进行配置优化最终建立数学模型。数理方法清晰简洁地描述了经济规律，数理方法的使用促进了经济学的发展。但是社会经济系统是一个多层次非线性的复杂系统，传统数理方法多是依靠建立线性数学模型进行研究，其理论基础是建立在均衡理论之上，因此不得不对研究对象大量简化，以著名的柯布-道格拉斯生产函数为例，函数将产出和资本、人力、技术水平以线性形式联系起来，对产出进行计算和分析，但是经济系统是复杂且动态变化的，这一函数只能以静态的形式进行研究。

因此，以复杂系统理论为基础的多主体仿真、非线性动力学等复杂经济系统仿真方法逐渐发展起来。其中，多主体仿真(multi-agent)是以复杂适应系统(complex adaptation system，CAS)理论为基础的，其思想是以参与经济活动的多个单位为主体，研究其属性和活动，建立主体之间的联系和交互，“自下而上”地建立起整个经济系统。非线性动力学(non-linear dynamics)是研究系统行为，以一组非线性方程描述系统变化。系统动力学(system dynamics，SD)就是以非线性动力学为基础，结合系统工程理论和方法建立起来的系统仿真方法，相较于其他非线性动力学方法，系统动力学因其具有简单易用、可操作性强、解释性强等优点而受到广泛关注和使用。

1956年，美国麻省理工学院J.W.福雷斯特教授提出了系统动力学(system dynamics，简称SD)的概念。作为20世纪经济数学的一个分支，系统动力学主要是用系统的方法，对社会经济系统进行整体分析。系统动力学的优势在于能够有效地将定性问题定量化，并提供了处理非线性、高阶次、多变量、多重反馈等复杂问题的方法，且其建立的模型结构层次清晰、关系明确，因此能够很好地分析复杂的社会系统。如今，系统动力学除了在社会经济研究领域得到了很好的应用，而且在人口、环境、资源、政策、科技等各种领域方面也取得了不错的效果。而我国学者在20世纪80年代初开始在国内传播和推广系统动力学。与其他建模方法相比，系统动力学在对数据量不足的复杂社会经济问题的研究方面，运用仿真方法进行建模估计，具有较好的准确性。系统动力学的发展阶段如图4-1所示。

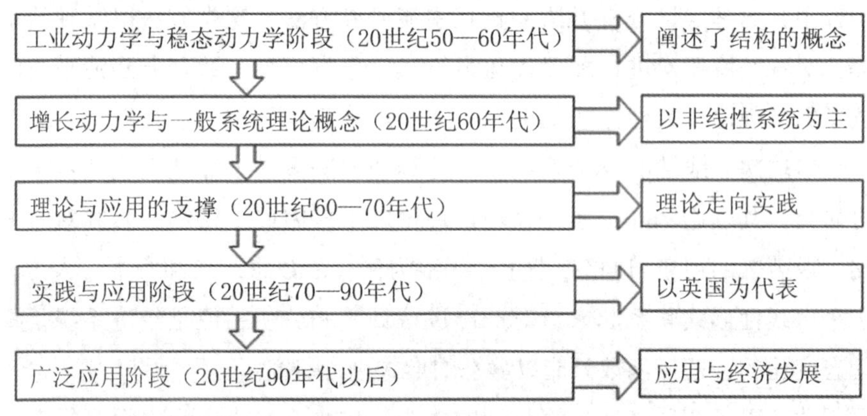

图4-1　系统动力学发展阶段

4.1.2　系统动力学特点

系统动力学是一门可应用在宏观与微观层次，研究分析信息反馈、认识和解决系统问题的综合学科。系统动力学所研究的问题都呈现动态性行为，系统变量都是随时间不断变化的，系统模型都是结合计算机仿真技术来进行模拟预测分析，而且在一些多变量、多层次、多重反馈结构的系统研究中表现突出。系统动力学不仅可以阐述系统中各个要素的关系，还强调整体和系统的关系。系统动力学研究的基本原则是以系统方法论来考察客观世界，体现了其研究思维、系统结构和功能方法的协调和统一。随着系统动力学的不断发展和完善，其已成为研究、解决复杂经济社会和资源生态等多领域问题的有效工具。和其他方法相比，系统动力学有如下特点：

1. 数据精度要求低

由于系统动力学主要侧重于对系统结构和动态进行分析，当模型需要的数据不足或难以量化时，可以通过分析变量间的因果关系和绘制流程图，采用系统动力学方法建立模型，然后对所要研究的问题进行仿真分析。

2. 可以处理高阶、非线性、多重反馈复杂式变形问题

现实生活中的任何系统都是非常复杂的系统，这就要求描述这个复杂的方程是高阶的、非线性的、随时间变化的，而系统动力学借助计算机仿真技术可以模拟实现各种复杂情况，更好地解决了这些问题。

3. 定性和定量研究相结合

系统动力学以定性研究为基础、以定量分析作为研究的支撑，同时可以将不易量化的因素放于系统中进行系统性分析。

4. 结果清晰明了

采用系统动力学方法进行建模，不仅可以得到预测的趋势图，还可以得到具体的数据，并且不带有定性分析的含糊或直观上的判断误差。

5. 模型规范

虽然在辅助方程中可能存在半定量或半定性的描述部分，但系统中的变量基本是按照系统结构组成并加以分类的，规范的模型有利于研究者们更好地处理复杂的问题。

4.1.3　系统动力学仿真原理

系统动力学认为系统结构决定了系统的行为，想要系统性地了解并掌握系统行为必须要研究系统的结构。系统结构的核心是反馈回路，反馈回路由耦合系统的水平、速率、信息组成。其中，水平变量的变化取决于政策或行为的结果，即速率变量，而政策或行为的产生源自系统内部的反馈机制。因此，系统内部行为的积累、变化速率、信息构成了基本的反馈回路，由此定

义了系统动力学的三类最主要的变量：水平变量、速率变量、辅助变量。系统的基本结构如图4-2所示。

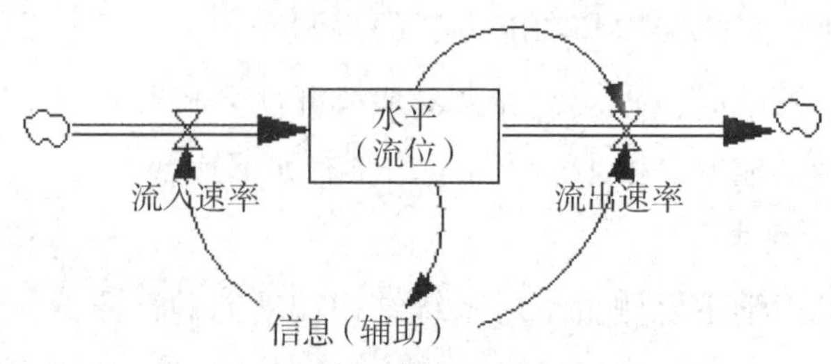

图4-2　系统基本结构图

在把握系统的整体结构性和层次性的基础上，可以将系统结构细化为如下层次或体系：

(1)明确系统范围的界限或边界；

(2)子系统或子系统结构的具体划分；

(3)确定系统的基本单元和反馈回路；

(4)确定一阶反馈回路的组成和从属部分，明确反馈回路的概念、主要变量及主要变量方程。

4.1.4　系统动力学建模步骤

1. 认识与定义问题，明确目标

在建立系统模型之前首先要全面认识问题，并明确系统目标，然后再运用系统动力学原理知识对所要研究的对象以及要达到的目标进行系统性的分析。

2. 确定系统边界和各子系统

在全面了解了问题之后，就需要进一步确定系统边界和各子系统。系统边界是对所要研究问题的原因与结果的反馈以及确定所要研究问题所处的范围。系统边界一般包括时间边界和空间边界，时间边界指所要研究问题的时间周期；空间边界就是各变量、子系统所处的范围。通过系统边界分析，科学确定系统的结构层次和子块。

3. 结构分析

在系统边界分析后，深入思考和分析整体及局部的主要反馈机制及反馈回路，明确系统变量间的因果关系，确定变量种类及主要变量，并画出流程图。

4. 模型建立与检验

根据系统变量的关系流程图建立系统模型，根据各变量的关系建立方程式，并初步确定各参数值。利用搜集到的历史数据对模型进行检验分析，验证模型和现实情况的差距，然后根据检验结果不断调整参数，直到模型仿真结果与历史数据相近。

5. 动力学仿真

在模型通过后，对模型进行仿真模拟。根据现实情况调整相关参数，然后仿真模拟，对未来情况进行预测和分析。针对所要研究的问题和目的，可以改变相关参数，并进行仿真实验，然后比较输出结果，分析得到结论。系统动力学建模流程如图 4-3 所示。

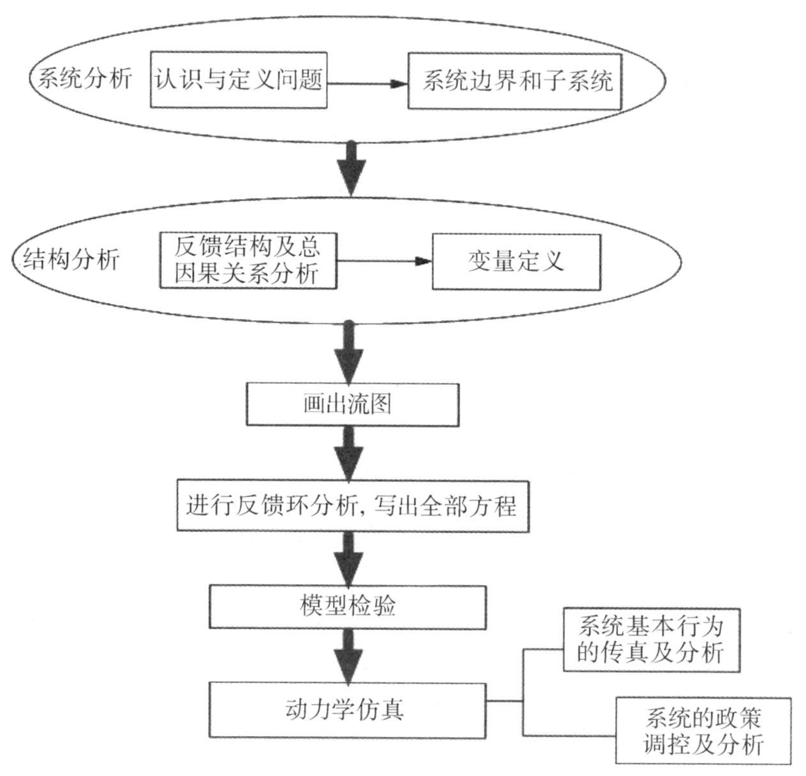

图 4-3　系统动力学建模流程

4.2 国内外系统动力学研究现状与趋势

系统动力学作为一个相对成熟的跨学科领域，在管理、决策角度，系统动力学可对决策参数进行仿真分析，辅助管理者做出正确决策，因此也被称为“战略和策略实验室”。鉴于上述特性，随着系统动力学理论的成熟及计算机信息系统的发展，应用层面逐渐扩大，包括宏观的国家经济、中观的区域规划、微观的企事业发展研究等多个领域。国内外系统动力学研究热度有逐渐上升趋势，但目前学术界仍缺乏对于系统动力学研究进展的分析，特别是鲜有运用文献计量分析方法对国内外系统动力学研究成果的回顾性研究。在此背景下，本书从文献分析的角度，研究系统动力学的发展历程、研究现状、演变轨迹，以及当前研究热点和未来的研究趋势，为相关研究和实践提供参考。

4.2.1 数据来源与研究方法

本节研究中使用的国外文献数据以 Web of Science 为来源，以“TS =(system near/1 dynamic) OR TS=(system near/1 dynamic)”为检索条件，文献类型为论文和综述，排除力学、电子学等无关研究领域文章，时间跨度为1993—2018 年，检索到相关文献共 5886 篇。国内文献数据以 CNKI 数据库为来源，以“关键词、主题、篇名词频包含‘系统动力学’且不含‘动力学’，且全文中包含‘仿真’‘预测’”为检索条件，以 SCI、EI、CSSCI、CSCD、核心期刊为检索来源，排除无关研究领域文章，时间跨度为 1993—2018 年，检索到相关文献共 2359 篇。

本书也主要采用文献计量学与知识图谱对国内外系统动力学研究进展进行分析与比较。如前所述，文献计量学是目前国际图书情报领域最活跃的分支学科。而知识图谱是在文献计量学与信息化、可视化基础上发展出的一种情报数据分析方法，通过绘制可视化的知识载体特征关联模型，直观揭示学科研究热点及变化趋势，分析科学研究的社会网络关系，因其强大便捷的功能与表述的清晰性而得到迅速发展与广泛使用。

本书运用 CiteSpace 5. 3R4 对检索到的国内外数据进行分析，绘制系统动力学研究领域的研究方向发展脉络，直观反映机构合作、作者合作、发文期刊与高频被引文献等信息，利用 Ucinet 软件绘制机构-期刊网络图及合作者凝聚子群图等对研究合作网络进行分析，从数据及图谱的角度揭示出系统动力学领域研究现状、研究前沿。

4.2.2　发文量统计分析

文献的年度发刊量是衡量研究热度的重要指标，本书通过对国内外期刊系统动力学文献量年度分布的统计，对该学科的历史发展态势进行衡量，为学科发展阶段做出直观评价。从系统动力学文献量的年度分布(图 4-4)可以看出，国内外系统动力学研究整体呈现上升趋势，但发展趋势和阶段特征有所不同。

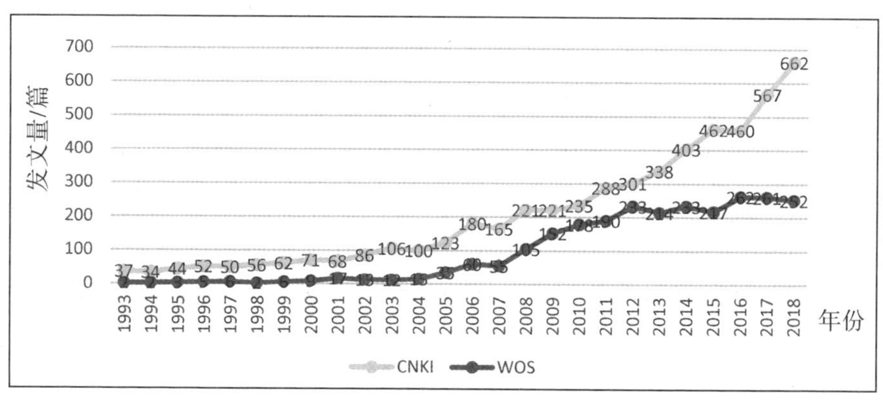

图 4-4　国内外期刊发文量变化趋势

国外系统动力学研究发展大致可分为三个阶段。第一：起步发展阶段(1993—2001 年)，每年文献发表数量处于 100 篇以下，且增长速度缓慢，年均增长 3.44 篇；第二：稳健增长阶段(2002—2010 年)，此阶段每年文献发表数量由 86 篇增长至 235 篇，年均增长 16.56 篇；第三：发展繁荣阶段(2011—2018 年)，此阶段每年文献发表数量由 288 篇增长至 662 篇，年均增长 46.75 篇。

而国内系统动力学研究也可分为三个阶段。第一：萌芽起步阶段(1993—2004 年)，每年文献发表数量由 2 篇增长至 14 篇，年均增长 1.09 篇；第二：迅速发展阶段(2005—2012 年)，每年文献发表数量由 35 篇增长至 233 篇，年均增长 28.29 篇；第三：发展平台阶段(2012 年—2018 年)，期间年均发文量

239.83 篇，发文量处于平台期，增长趋势明显的减弱。

可以看出，国内外系统动力学研究发展阶段明显不同，其主要存在于以下三个方面。

(1)国外研究起始时间明显早于国内，先于 1993 年的研究情况本书并未做深入研究，但 1993 年至 1998 年间国内几乎没有系统动力学方面研究，而国外发文量便从 37 篇增长为 56 篇，有明显增长。

(2)第二阶段中，国内系统动力学研究明显增速更快，国内外年发文量差距由 120 篇(2006 年)缩减为 57 篇(2010 年)，后发优势明显。

(3)国外研究一直保持着较高的增长态势，特别是第三阶段中，除 2016 年外，年均发文量增长均不低于 12%。而国内同时期相关研究处于一个相对发展平台期，究其原因，一方面是国外新兴研究的国家、机构逐渐增多，数据显示，2010 年后开始进行系统动力学研究的机构共计 36 所，累计发文数量超过 500 篇；另一方面，由于系统动力学在中宏观问题研究方面优势明显，国外学者有更丰富的潜在研究对象。如戴尔公司运用系统动力学对不同策略的市场反应进行分析，M. Debolini 等对地中海区域农业发展进行研究等。此外国内系统动力学研究仍处于探索阶段，学者们正面向不同规模问题及不同方法论的应用进行研究。

4.2.3 文献来源的统计分析

1. 文献来源期刊

通过对获取的文献数据进行整理统计，获取国内外文献来源期刊中发文数量分别排名前 20 名的期刊如表 4-1 所示，主要涉及科技、管理、数理统计领域。国内 2 539 篇文献来源分布在 508 种期刊中，平均每刊发文 4.99 篇。其中发文最多的期刊是《科技管理研究》，发文数量 108 篇。根据普赖斯定律可以计算出 $m=7.78$，即发文数量多于 8 篇的期刊属于高产期刊，共 75 种，占比 14.76%，其中大多数属于管理科学、生态环境、资源领域、情报学刊物。

国外 5 886 篇文献来源分布在 1 554 种期刊中，平均每刊发文 3.79 篇。其中发文最多的是 *SYSTEM DYNAMICS REVIEW*，发文数量 184 篇。可以计算出 $m=10.15$，高产期刊 100 种，占比 6.44%，国外系统动力学研究分布具有更加明显的长尾效应。

表 4-1　国内外文献来源期刊前 20 名

国内期刊	发文数量	影响因子	国际期刊(简称)	发文数量	影响因子
《科技管理研究》	108	1.179	*SYST DYNAM REV*	184	1.026
《系统工程理论与实践》	79	2.231	*J CLEAN PROD*	123	3.844
《系统工程》	70	1.228	*J OPER RES SOC*	103	0.953
《科技进步与对策》	69	1.825	*SUSTAIN SCI*	100	3.119
《中国安全科学学报》	52	1.561	*SYST RES BEHAV SCI*	92	未收录
《系统仿真学报》	42	0.757	*ECOL MODEL*	83	2.321
《统计与决策》	41	1.135	*EUR J OPER RES*	81	2.358
《数学的实践与认识》	40	0.534	*PLOS ONE*	69	3.234
《软科学》	37	2.092	*ENERG POLICY*	67	2.575
《情报杂志》	31	2.073	*VEHICLE SYST DYN*	59	1.061
《科学学与科学技术管理》	31	3.478	*INT J CONTROL*	56	1.654
《物流技术》	31	0.651	*ENERGY*	52	4.968
《系统科学学报》	30	0.482	*ENVIRON MODELL SOFTW*	49	4.42
《情报科学》	29	1.838	*TECHNOL FORECAST SOC*	47	2.058
《生态经济》	29	1.433	*INT J BIFURCAT CHAOS*	42	1.078
《中国人口·资源与环境》	23	5.211	*WATER RESOUR MANAG*	39	2.600
《华东经济管理》	23	1.578	*INT J PROD RES*	38	1.477
《火力与指挥控制》	22	0.473	*KYBERNETES*	38	0.429
《系统管理学报》	20	1.594	*J ENVIRON MANAGE*	37	2.723
《干旱区资源与环境》	19	2.152	*NEUROCOMPUTING*	37	2.083

2. 机构合作网络分析

在国内系统动力学研究机构合作网络方面，国内论文涉及 235 所机构，以高校与研究所为主，其中高产机构（$m=5.85$）75 所，占比 31.91%，citespace 中生成的合作网络整体呈现独立分散态势，仅以南昌大学、北京航空航天大学、江西财经学院为核心的团体合作比较紧密，成果较多，如南昌大学、江西财经学院、珠海市信息中心等多部门协作进行的简化流率入树模型应用研究；为进一步观察国内机构合作情况，使用 SATI 生成前 50 位高产机构合作图谱(图 4-5)。可以看出吉林大学、哈尔滨理工大学、哈尔滨工程大学、昆明理工大学可能因地理位置因素形成独立团体，专注于制造业工艺创新过程的仿真研究，其他高产机构间基本均有直接或间接的联系。

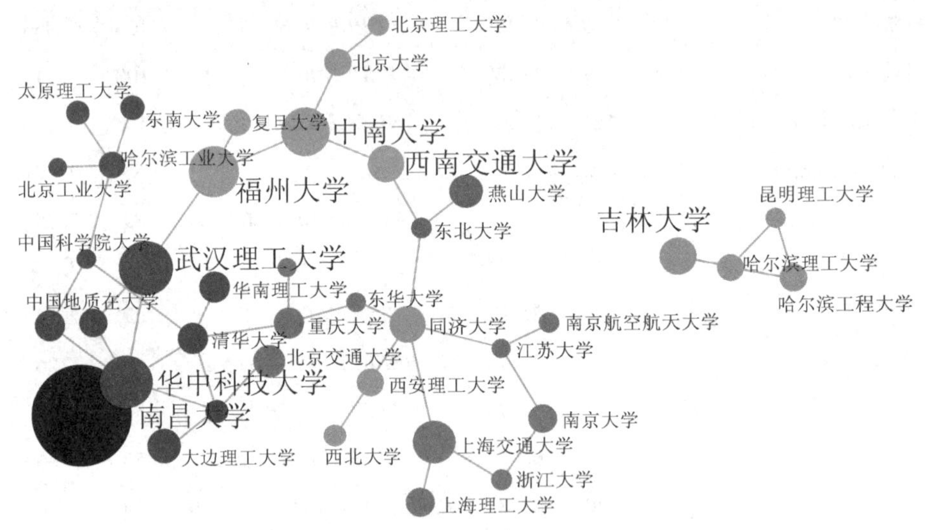

图 4-5　国内系统动力学研究机构合作图

在国外研究涉及的 306 所机构中，高产机构($m=6.741$) 120 所，占比 39.22%。机构总量及高产机构占比均高于国内，且机构分属美国、中国、英国、德国、加拿大、澳大利亚等国家。其中影响力最强的五所机构分别是哈佛大学、麻省理工学院、马里兰大学、中国科学院及密西根大学，中心度均高于 0.1。选取发文量超过 20 篇的机构绘制合作聚类图(图 4-6)，可以看出国外系统动力学研究机构合作各聚类间交叉较多，可见国外系统动力学研究机构间合作比较紧密，且图中也可看出，麻省理工学院与中国科学院是其中合作最为广泛的机构。

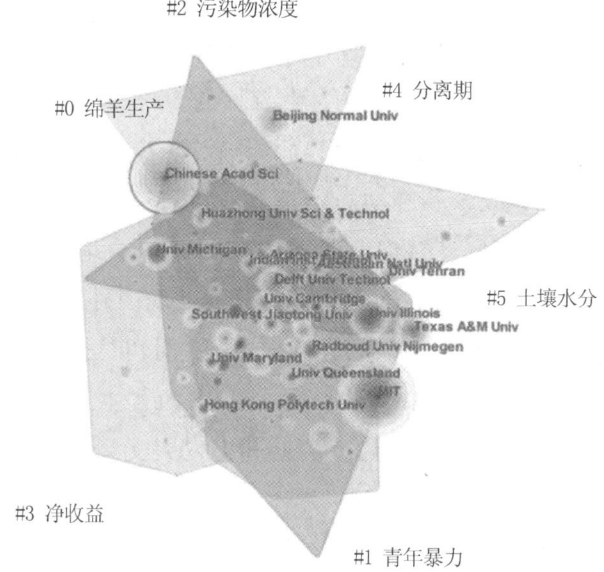

图 4-6　国际系统动力学机构合作聚类图

3. 期刊及机构来源共现分析

通过对国内文献高产期刊及机构来源进行共现分析，发现部分高产机构与期刊之间合作存在聚集性。从期刊角度分析，《系统工程理论与实践》累计刊登 56 个机构共 158 篇文献，其中发文最多的是南昌大学 22 篇，占总篇数的 13.92%；《中国人口·资源与环境》刊登的 14 篇文献中 8 篇来自中国科学院；《软科学》刊登的 30 篇文章中 12 篇来自武汉理工大学。而从机构角度分析，南昌大学累计发表的 120 篇文章中有 40 篇刊登于《系统工程理论与实践》及《南昌大学学报(理科版)》。但同时也有一些机构的投稿聚集性并不明显，如中国科学院的 118 篇文献分布在 40 篇期刊中，涉及管理学、人口学、地理科学、自然环境科学、农业科学等多个领域。

本书使用 Ucinet 对国外前 20 名高产文献来源期刊及机构进行共现分析，可以看出，国外期刊收录的文献同样具有一定聚集性。从机构角度分析，麻省理工学院在 *SYSTEM DYNAMICS REVIEW* 上发表 20 篇，同时麻省理工学院在其他期刊发文均未超过 1 篇；纽约州立大学奥尔巴尼分校发表的 14 篇期刊中，11 篇刊登于 *SYSTEM DYNAMICS REVIEW* 上；思克莱德大学发表的 17 篇文献中 15 篇来自 *JOURNAL OF THE OPERATIONAL RESEARCH SOCIETY* 及 *EUROPEAN JOURNAL OF OPERATIONAL RESEARCH*。但同时也有例外，如卑尔根大学是发文期刊种类最多的机构，在统计的 20 种期刊中，该校在其中的 8 种期刊上均有文献发表，合作面比较宽广。从期刊角度分析，*NEUROCOMPUTING* 共收录系统动力学期刊 37 篇，其中美国东北大学占 13 篇。*SUSTAINABILITY* 上发表的 54 篇期刊中有 12 篇来自华北电力大学。

对比国内外的文献来源期刊及机构情况，发现国外机构合作更加密切，国内则更多选择机构内合作。而机构在选择投稿期刊时，大多数有聚集性特征，喜欢集中于少量几个期刊。但同时，一部分机构主要从事应用研究，会由于研究对象领域的不同而在更广泛的期刊上发表文章，如中国科学院、美国东北大学等。

4. 文献作者统计分析

国内作者方面，2 359 篇国内文献涉及作者共 418 人，人均发文 5. 64 篇。根据普赖斯定律计算出 $m=4.91$，可得高产作家共计 25 人，占比 5. 98%。绘制高产作者共现图(图 4-7)，其中发文量最多的是最早开始系统动力学研究的南昌大学贾仁安教授(43 篇)，远高于其他作者，主要致力于早期系统动力学理论方法完善及应用研究，1997 年贾仁安教授发表的《SD 流率基本入树建模法》一文介绍了利用流率基本入树、可增广流率派生入树等概念建立动态反馈模型的方法，完善了系统动力学建模方法，对后续研究规范化建模起到重要意义。除贾仁安教授所在团队外，其他高产作者间合作较少，仅杨陈与徐刚、张立菠与韩玉启之间有过合作关系。高产作者中发文量较多的是中国科学技术信息研究所的佟贺丰教授(11 篇)，研究方向是科学研究管理、非线性科学与系统科学；辽宁工程技术大学的李乃文教授(11 篇)，研究方向是矿业工程、安全科学与灾害防治；中国航天系统科学与工程研究院的薛惠锋教授(11 篇)，研究方向是水利水电工程、工业经济、资源科学。这三位教授至今仍活跃在系统动力学研究领域，尤其佟贺丰教授 2015 年发表的《中国绿色经济发展展望——基于系统动力学模型的情景分析》一文针对 7 种行业的绿色经济发展对中国经济、社会、环境系统的潜在影响进行全面分析，充分展现系统动力学在复杂问题处理方面的优势，引起社会广泛关注，发表至今已被下载 3055 次，被引 60 次。同时，最近几年也涌现出一些高频作者，如西安理工大学朱记伟教授从 2017 年至今已发表 5 篇系统动力学文献针对水利水电领域问题进行研究，表明系统动力学如今仍然具有生命力与实用性，在各种领域受到广泛使用。

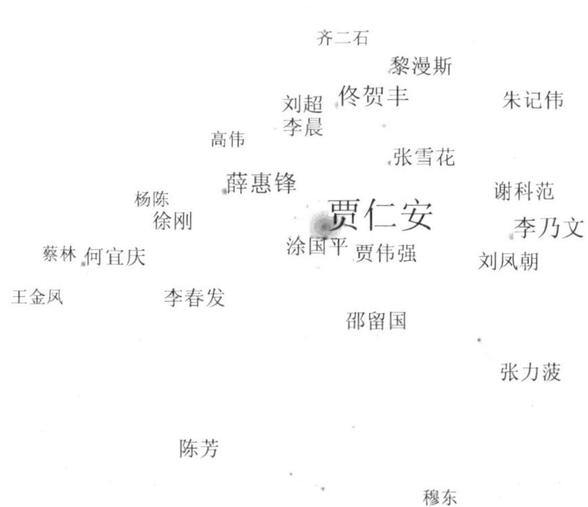

图 4-7　国内系统动力学高产作者合作网络图

国外作者方面，文献作者共计 634 人，人均发文 9.28 篇。发文量最多的是 AHMAD S 教授(25 篇)，其次是 LI Y 教授(20 篇)，根据普赖斯定律计算出 $m=3.75$，高产作者共计 155 人，占作者总数的 24.4%，占比数值远高于国内，同时从国内外前十名高产作者对比(表 4-2)可以看出，国外系统动力学领域第一名作者发文量少于国内，但除此以外，国外其他作者发文量均明显高于国内，表明国外系统动力学高产作家更为分散，高产作家更多。

表 4-2　国内外系统动力学高发文量作者

作者	发文量	最早发文年	作者	发文量	最早发文年
贾仁安	43	2005	AHMAD S.	25	2005
薛惠锋	11	2007	LI Y.	20	2011
佟贺丰	11	2010	SIMONOVIC SP	17	2002

续表

作者	发文量	最早发文年	作者	发文量	最早发文年
李乃文	11	2011	LEE S.	16	2007
陈芳	9	2013	LIU Y.	14	2005
何宜庆	8	2010	WOO TH	14	2012
涂国平	8	2011	RAHMANDAD H.	13	2012
李晨	6	2012	WANG J.	12	2011
刘凤朝	6	2011	WANG L.	12	2013
张雪花	6	2002	LANE DC	11	1998

为进一步观察国外学者在系统动力学领域的合作情况，本书绘制出高产作者合作网络图(图 4-8)。从图中可以看出，国外作者合作较为紧密。图中出现的 23 位高产作者中，超过 10 位高产作者可通过合作网络连接，且仅有 9 位高产作者从事独立研究工作。作者的合作大致可分为两个聚类，分别对系统动力学模型及闭环网络进行研究，对比国内和国外作者合作模式，发现国内作者合作图网络密度略高于国外，但更多的是固定几位作者之间的合作，且合作频度高于国外；而国外作者间合作则更为广泛，倾向于与更多不同的作者进行合作。

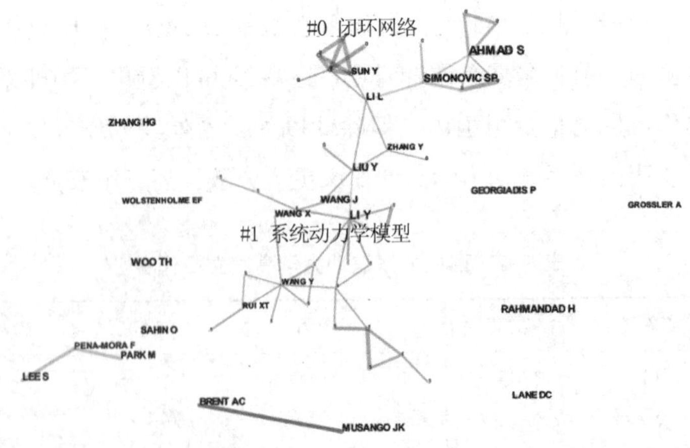

图 4-8　国外系统动力学高产作者合作网络图(发表文献≥11 篇)

前10位作者突现图

作者	年份	强度	开始	结束	1980～2018
EF Wolstenholme	1980	3.9183	1982	1999	
RG Coyle	1980	2.6125	1983	1999	
VJ modi	1980	4.6447	1995	2001	
SP Simonovic	1980	5.8644	2002	2005	
Markus Schwaninger	1980	3.3594	2006	2012	
Mostafa Khanzadi	1980	1.9878	2008	2012	
Farnad Nasirzadeh	1980	1.9878	2008	2012	
George B Arhonditsis	1980	2.8221	2008	2011	
Patroklos Georgiadis	1980	3.98	2010	2013	
Erik Pruyt	1980	3.063	2013	2016	

图 4-9　国外系统动力学作者突现图

为进一步研究作者文献被引情况，本书对国外系统动力学领域高被引作者进行统计并分析，发现国际系统动力学研究领域的高被引学者方面，Sterman JD，Forrester JW，Richardson GP 分列前三名。其中麻省理工学院的 FORRESTER JW 教授正是系统动力学的提出者，其一生致力于系统动力学的研究及推广，但由于早期的系统动力学多用于对世界经济形势进行分析，适用范围窄，故在很长的一段时间内影响力不足，Forrester JW 教授 1958 年发表的 *industrial dynamics：a major breakthrough for decision makers* 被引用量 2004 年才出现突增，至今累计被引 1602 次，1994 年发表的 *system dynamics，systems thinking，and soft or* 至今累计被引 406 次，该文再次阐述了系统动力学的基本原理，及将现实世界以系统模型及方程进行解释，强调从现实世界获取信息，设置政策规则，代替先前案例研究中的主观直觉思考，有助于提高系统思维的清晰性和严谨性。同样来自麻省理工学院的 Sterman JD 教授也为系统动力学领域带来里程碑式的研究成果，1989 年发表的 *modeling managerial behavior：misperceptions of feedback in a dynamic decision-making experiment* 累计被引 2651 次，该文中提出用系统动力学原理分析道路收费措施对解决交通拥挤成本问题的预期效果，该文发表以来在学术界取得了较大的反响，引发了各地学者对系统动力学的关注，在一定程度上促使了系统动力学的发展。

4.2.4 研究热点及趋势分析

1. 国内研究热点及趋势分析

研究文献的关键词分布可以作为认识系统动力学研究力量集中领域的事实依据。本书通过对出现频次高的关键词进行分析，可以了解系统动力学领域的研究热点。首先以国内2359篇文献为数据源，设置时间分割为2年，选取每个时间分区中的前50个高频关键词，并且去除“系统动力学”“模型”“系统”等重复关键词，使用SATI绘制系统动力学关键词共现图谱(图4-10)，发现系统动力学研究主题内的核心词频主要汇集在可持续发展、供应链、情景分析、水资源承载力、演化博弈、知识转移等方面。通过对统计结果分析发现，国内系统动力学研究主要偏向于对可持续发展、资源环境的变化趋势进行分析，或是从供应链与市场反馈角度对区域、行业经济发展进行预测，或是对突发事件、网络舆情的影响走势进行判断，且目前国内研究重点集中在系统动力学的应用层面，而不是方法的优化。

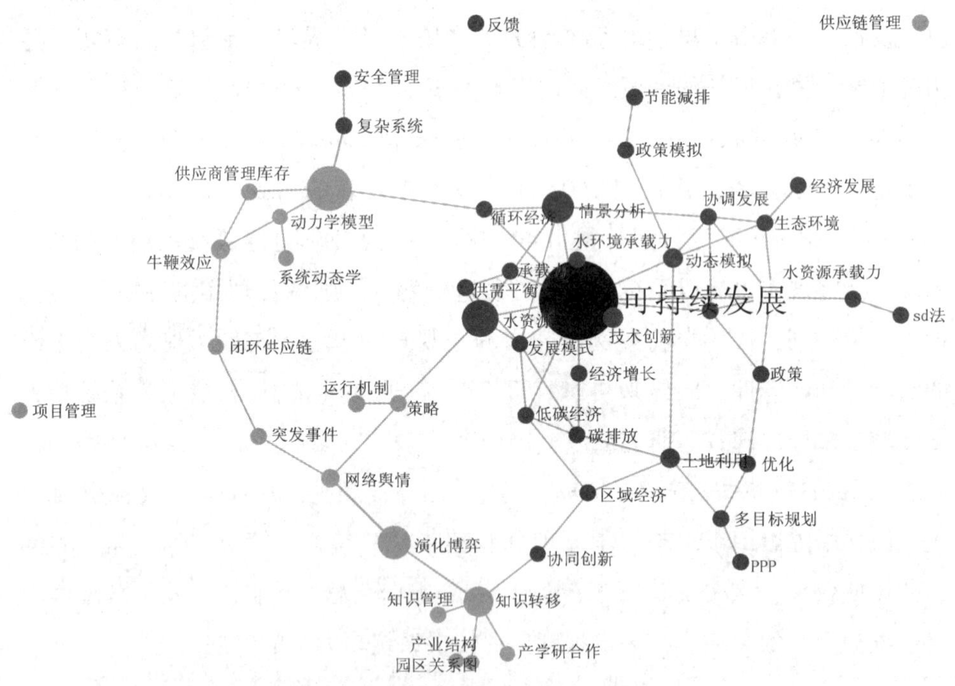

图4-10 国内系统动力学高频关键词图谱

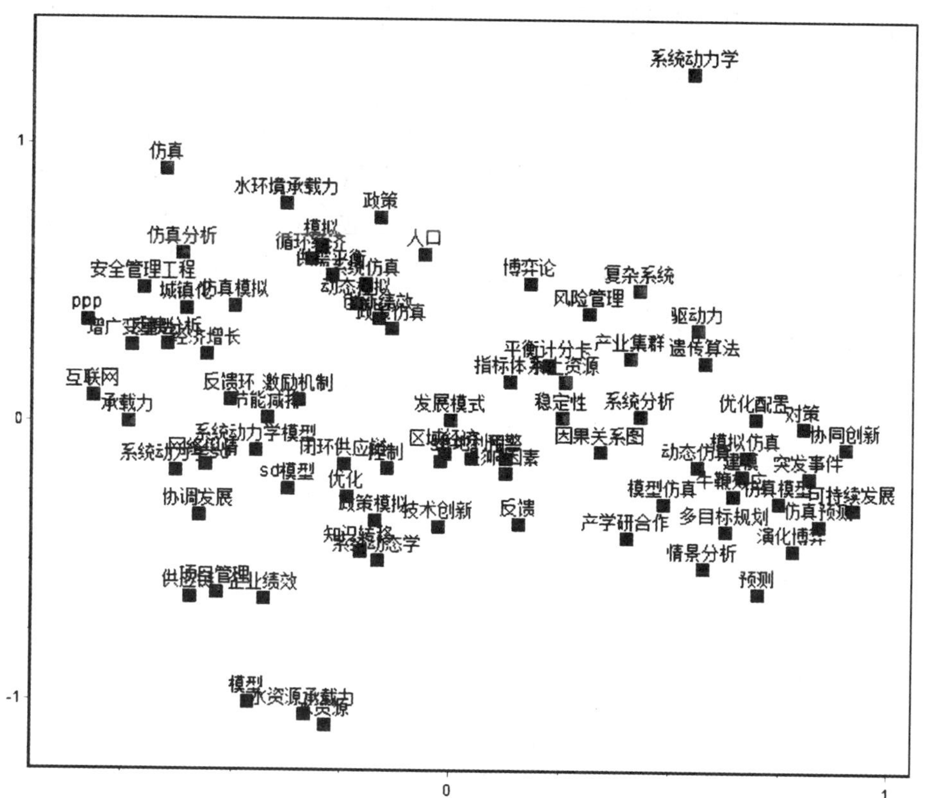

图 4-10　国内系统动力学高频关键词图谱(续图)

为进一步对国内研究热点进行解读，本书借助 Cite Space 软件，采用 LLR 算法进行聚类提取并作可视化呈现，最终得到 8 个聚类(图 4-11)，通过计算 $Q=0.8825>0.7$，但 $M=0.3161<0.5$，意味着划分出的聚类结构具有高内聚、松耦合的特征，但聚类之间存在一定的同质化现象。为此，对图中 8 个聚类重新进行有效整合与归并，从不同研究内容及知识视阈角度出发，可划分为理论研究视阈、资源环境视阈、经济仿真视阈、舆情演化视阈。其中事件演化视阈是近几年新兴的研究领域，关注度逐渐上升。

在图 4-11 的基础上结合时间线绘制国内系统动力学研究的时间线视阈图(图 4-12)。图中聚类标签显示为 8 类，其中的同质性及交叉性表明聚类不完全准确，但可用于判断国内系统动力学研究的大致途经。首先，研究时长方面，资源环境视阈起始时间最早，但其中的重点研究方向可持续发展在 2016 年后删截，而经济仿真视阈起始时间略晚，但至今仍保有较高热度。然而可持续发展的引文历史年轮足以说明其持续被相关文献所关注和引用；其次，研究热点方面，舆情演化视阈从后期开始被学者们关注，学者结合博弈论、人类行为学对企业发展或某一事件中人的行为及影响进行分析，而原有的经济仿真视阈间的联系也在后期发展中更多地开始关注环境、能源、政策等因素；最后，理论研究方面，围绕系统动力学建模方法，学者进行多种探索，包括流率入树模型、密切值法、创新网络、遗传算法等，同时对不同研究者对同一对象的研究进行汇总，分析政策调控措施。

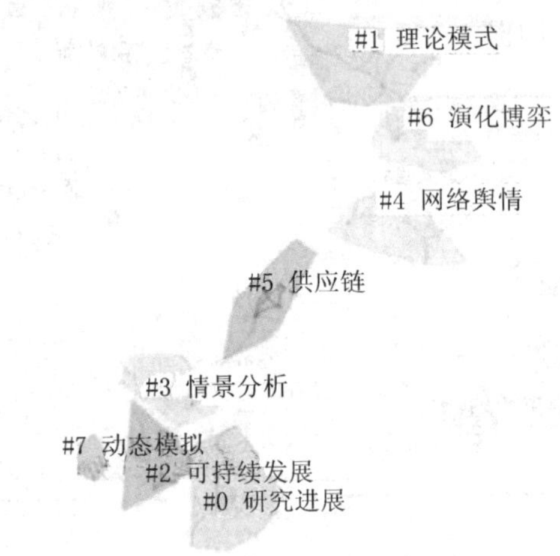

图 4-11　国内系统动力学关键词聚类图

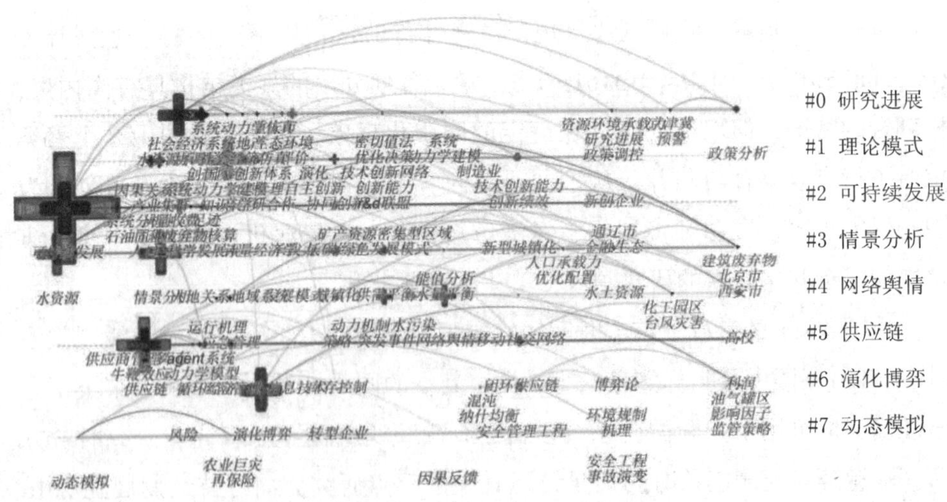

图 4-12　国内系统动力学关键词聚类时序图

在关键词时区视图的基础上，借助软件的聚类统计功能，生成各聚类的相关统计(表 4-3)。可以看出研究平均年份最早的是对应资源环境视阈的#2、#3 聚类。而内聚程度最高的是理论研究视域(#1 聚类)及舆情演化视阈(#4 聚类)。高频关键词中出现的"可持续发展""科学发展观""两型社会""'三生'空间"等表明国内系统动力学常用于对政策进行分析研究。此外，可以看出后期的研究关注点有向舆情演化视阈中突发事件、情景分析、网络谣言方向转移的趋势。

表 4-3　国内系统动力学关键词聚类统计

聚类 ID	规模	聚类紧密程度	平均年份	LLR 对数似然率关键词
0	22	0.965	2013	研究进展；综合视角；优先主题；政策仿真；社会经济系统；集成模型；两型社会
1	20	1	2012	理论模式；协同创新；区域发展；技术引进；创新网络；技术相似度；产业集群；区域经济；技术创新网络；开放式创新
2	19	0.952	2010	可持续发展；系统分析；石油工业；绿色 GDP；科学发展观；环境经济核算；矿产资源密集型区域；绿色发展模式；低碳经济；污染物排放
3	17	0.896	2014	情景分析；人地关系地域系统；关中平原；优化配置；供需平衡；"生态—生产—生活"空间("三生"空间)；水资源供需平衡；激励政策；绿色住宅；二次平衡分析
4	13	0.993	2015	突发事件；危化品泄露；应急管理；台风灾害；移动网络；知识元模型；运行机理；网络谣言；网络舆情；元胞自动机
5	13	0.953	2010	整合补货；牛鞭效应；供应商管理库存；舰炮武器；企业物流系统；多 agent 系统；闭环供应链；道德风险；收益共享契约
6	13	0.93	2015	演化博弈；煤矿安全监管；综合集成赋权法；影响因子；知识转移；有限理性；机场外来物；环境规制；产品差异度；转型企业
7	6	0.994	2011	动态模拟；因果反馈；城市抗震防灾；群集流动；事故演变；重点片区；风险定量；习惯性违章行为；紧急疏散

为进一步研究国内研究趋势变化，利用 Cite Space 软件功能生成关键词突现图(图 4-13)。

前十位的关键词突发性排名

关键词	年份	强度	开始	结束	1999～2018
可持续发展	1999	5.2853	2000	2006	
复杂系统	1999	3.0187	2003	2007	
牛鞭效应	1999	3.6497	2006	2008	
供应链	1999	5.7931	2006	2009	
供应商管理库存	1999	4.2560	2006	2008	
因果关系图	1999	4.1131	2007	2011	
协调发展	1999	3.8184	2009	2012	
区域经济	1999	3.1976	2009	2012	
演化博弈	1999	4.4363	2015	2018	
网络舆情	1999	4.1590	2015	2018	

图 4-13　国内系统动力学关键词突发性排名(前 10 名)

结合图 4-13 及上述分析结果，可将国内系统动力学研究热点变化明显划分为三个阶段。

(1)2000 年—2006 年，资源环境视阈研究热度持续上升，研究热点包括可持续发展、水资源、人口等。可持续发展战略于 1994 年 3 月我国国务院通过的《中国 21 世纪议程》中确定实施，该战略关系国民生计，因此在较长时间内成为我国学者研究重点。基于上述特定历史背景，2000—2006 年间关于可持续发展的系统动力学研究文献共计 22 篇，涉及国家层面、区域层面、行业层面等，覆盖宏观的社会、产业、资源、环境、经济的可持续发展，中观的城市、矿区、库区、流域、盆地等区域的可持续发展，微观的企事业、行业可持续发展，表明系统动力学是处理可持续发展问题的有效工具，但同时仍存在一些问题。通过阅读此阶段文献，发现对所建立模型的跟踪研究较少，大多模型都是一次性使用，且研究关注点大多基于中观的区域层面，国家层面或行业层面的研究相对较少。说明此阶段国内学者对系统动力学的研究相对较浅，缺乏深层次探索及应用。

(2)2006—2012 年，我国系统动力学研究关注点向经济仿真视域迁移，研究热点包括区域经济、协调发展、供应链管理、牛鞭效应、库存管理、区域物流、风险管理等，同时协调发展方面的宏观问题仍保有研究热度。期间发表相关文献共 41 篇，主要研究中观的行业问题及微观的企业管理问题，涉及食品业、服装业、养殖业等行业及仓储、零售、定价、融资等具体问题。如杨珺等通过建立供应商与销售商的系统动力学模型，引入强制排放和碳税两种碳排放政策，利用模型仿真，分析两种排放政策对于供应商、销售商及整个供应链的总成本和碳排放的影响，寻找合理的碳税税率引导绿色供应链发展。受国外热潮影响，国内学者发现系统动力学的延迟模式对于研究供应链稳定性及牛鞭效应的研究效果良好，期间涌现出大量相关研究成果以及多种缓解牛鞭效应的措施。

(3)2015—2018 年，舆情演化视域研究的兴起。近几年来，随着系统动力学研究的不断深入与信息化影响的扩大，国内学者发现系统动力学对于定性模型的描述能力较弱，而混合模型建模难度过大，用系统动力学进行研究比较困难，反而在信息管理问题方面由于研究的问题、层面以及方法等方面均呈现出显著的多样性而与系统动力学切合度更高，因此逐渐得到关注。研究的关注点大体仍能分为三个层面：宏观上学者对煤炭安全、云制造环境、“互联网+”商务等新形势引发的变化进行探索；中观上学者对“雄安新区”“长江经济带”等区域或高铁、航空运营、服务型制造等行业进行分析或预测；微观上学者对某件事导致的网络舆情进行分析预测，将系统动力学的使用对象从物、事向人迁移，使建模更加生动完整。

2. 国外研究热点及趋势分析

对比国内研究，国外研究起始时间更早，涉及工程学、运筹与管理科学、计算机科学、生态科学等学科，同时与其他学科关联较多。对国外文献的关键词数据进行统计，参数与之前相同，绘制关键词共现聚类图(图 4-14)。可以看出国外对系统动力学的研究热点根据研究方向可大致分为三个方面：生态系统仿真、宏观经济学仿真、社会团体发展。国外与国内的研究方向相对比较接近，又因为不同的政策背景而出现不同的特征，国外系统动力学研究对可持续发展的研究相对较少，反而更加注重对于经济领域的仿真分析。从

图 4-14 中节点的大小可以看出，国外学者同样对政策的研究较多，将系统动力学作为政策的实验室，探索不同政策对现状的影响。

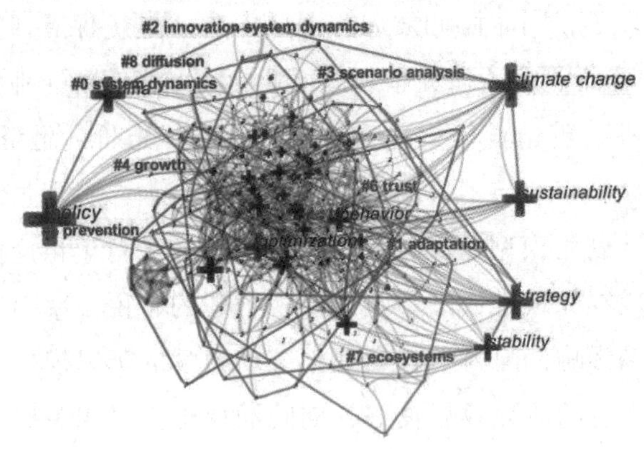

图 4-14　国外系统动力学关键词共现聚类图

本书以同样方法对国外系统动力学聚类进行统计(图 4-15、表 4-14)。可以看出，国外学者系统动力学研究热点趋势与国内不同的是(1)研究平均年份整体更早；(2)聚类的紧密程度更低，表明国外研究关注点更为分散；(3) 2000 年左右国外对“可持续发展”几乎没有研究，而是关注系统动力学的原理及算法在管理学中的运用；(4)国外近几年并没有明显的新兴研究视阈出现，因此国外研究热度保持高速增长的主要原因应在于新兴研究国家、机构的增多，而非新研究热点的出现。

关键词	年份	强度	开始	结束	1993～2018
生态系统	1993	5.8215	1995	2004	
生态学	1993	7.0777	1995	2007	
植被	1993	3.4851	1996	2006	
混沌	1993	9.9455	1997	2006	
最优控制	1993	4.1472	1997	2007	
建模	1993	8.0464	1998	2011	
分岔	1993	4.1192	1999	2008	
误解	1993	10.1397	1999	2012	
进化论	1993	3.7411	1999	2009	
社区	1993	4.9124	2004	2013	

图 4-15　国外系统动力学关键词突现图(前 10)

表 4-4　国外系统动力学聚类统计

聚类 ID	规模	聚类紧密程度	平均年份	LLR 对数似然率关键词
0	77	0.739	2003	stability; mooring systems; effect; memory; spread; sommerfeld effect; functions; nonholonomic mechanical systems; fault detection; innovation system functioning
1	61	0.671	2008	china; case study; co2 emissions; urban energy consumption; combination scenarios; public buildings; systems dynamics approach; regional eco-security assessment; gorges reservoir regions
2	53	0.659	2006	system dynamics; evaluation; applicability; patient flowmodelling; healthcare simulation; profiling literature; system dynamics simulation model; emergency department congestion; smoothing inpatient discharges; collaborative modeling
3	41	0.738	2004	learning; insight; effective communication; management education; coordination studies; supply chain dynamics; review; context; analyzing ranch profitability
4	39	0.789	2005	theoretical study; biological control; predators; provision; additional food; evidence - based disaster planning; systems biology; modelling approach; analyzing ranch profitability; modeling
5	22	0.782	2007	dynamic model; case study; vulnerability assessment; arid areas; regional water resources; china; temporary water transfers; ecological economics systems; practice; supply chains
6	18	0.927	2005	legal smoking age; states; limiting youth access; tobacco; increasing cigarette excise taxes; long-term health impacts; cost savings; projected health benefits; youth access gap; national policy
7	8	0.937	2005	policies; technological change; clean energy scenarios; history; lessons; modeling; water quality management; irrigated valley surface water - groundwater interactions; pathogen pollution; using object-oriented modeling

3. 国内外研究对比

系统动力学模型在政策的仿真检验方面有较好的效果，可对决策参数进行仿真分析，辅助管理者做出正确决策，因此也被称为“战略和策略实验室”。由于这个原因，系统动力学的研究热点受研究者所在国家、机构影响较大。如国内在2000年兴起的可持续发展研究，显然受1995年中共五大会议影响很大，而国外虽然同样有关于环境、生态的研究，但并不像国内一样集中于同一个话题，而是分散在多个研究领域。此外，国内2006年热度突增的区域经济研究也与中国加入WTO有千丝万缕的联系。

而国外方面，首先由于投入研究的国家、机构逐年增多，面向的中宏观研究对象非常广泛，如Godde C等对澳大利亚气候对农业的影响进行了系统分析，戴尔公司通过检测设备使用数据建模预测设备中即将出现的故障等等。而且国外研究者更多，研究热点干扰因素更多，所以热点变化趋势并不像国内一样阶段性明显、趋势清晰。因此若需进一步分析国外系统动力学研究趋势变化，需将国家区分开，结合不同政策、社会、经济背景进行研究。

4.3 小结

本书通过利用Cite Space及Ucinet对国内外系统动力学相关文献的发文量、期刊、机构、作者、关键词等数据进行整理和分析，从文献计量学角度以可视化图谱的方式对系统动力学的研究及发展情况、系统动力学研究代表人物及经典著作、主要期刊及机构、研究热点及趋势等方面进行探索，得到以下结论。

(1)国内外系统动力学研究整体均呈上升趋势，但由于国外越来越多国家及机构开始从事系统动力学研究，导致国内外发展趋势及所处的发展阶段有所不同。

(2)机构合作方面，国外机构间合作更加密切，国内则更多选择机构内合作。

(3)机构在选择投稿期刊时，大多数有聚集性特征，喜欢集中于少量几个期刊。但同时，一部分机构主要从事应用研究，会由于研究对象领域的不同而在更广泛的期刊上发表文章。

(4)文献作者方面，国内文献作者中发文量最多且最早开始研究的是南昌大学的贾仁安教授，远高于其他作者；国外系统动力学领域研究全局热度更高，高产作者更多，但 STERMAN JD、FORRESTER JW 两位专家影响力更广。

(5)系统动力学研究热点受政策环境影响较大，国内明显有三个阶段的变化；国外则不像国内一样阶段性明显、趋势清晰，且后期并没有明显新研究视阈的兴起。

第5章　人口政策与教育经济系统动力学模型构建

5.1　人口政策与教育经济系统建模分析

5.1.1　建模目的和主要思路

建立模型前，需要先了解主要目的，并确定整体思路如下所示。

(1)建立系统动力学模型首先需要明确建模目的，然后确定系统边界。本书研究主要是通过建立动力学模型来探讨人口政策对人口、教育以及经济的影响，为了使整个系统更全面，将系统分为人口、教育、经济、环境以及资源五个子系统，每个子系统都有明确的边界，并整体构成了整个系统的边界。

(2)在明确了建模的目的以及边界之后，就要确定各个子系统的状态变量、速率变量、辅助变量和常量。确定系统变量和结构方程，需要收集各种数据，并对数据进行分析和处理。

(3)以上步骤完成后，就可以在 Vensim 中绘制因果关系图以及流图，并在公式编辑器中编写系统动力学方程。

(4)对建立好的模型进行调试和检验模型的正确性，包括有效性检验和灵敏性检验。模型检验完成后，就可以利用模型进行仿真模拟，并通过分析仿真结果提出相关建议。

5.1.2　系统动力学建模假设

现实的情况往往太过复杂，模型则是理想化现实情况，所以建立模型前，需要确定基本假设前提，尽量简化模型，并让模型的分析重点围绕建模目的，基本假设如下所示。

(1)模型假设男女比例始终为 1∶1，因此任何时候的男女人数都占总人口的 1/2，这样就可以简化出生率的计算。

(2)人口的受教育程度通过接受教育的时间来确定，本书将受教育程度划分为接受学前教育、小学学历、初中学历、高中学历以及大专及以上学历，分别对应受教育时间为 1 年、7 年、10 年、13 年、17 年，其中将大专及以上的受教育年限设定为 4 年。

(3)人口系统的转化率和教育系统的升学率都表示某一阶段的最后一年转到下一阶段的转化率。对于教育系统，所有在某一学历阶段未升学的人口的受教育年限都按照所在阶段的受教育时长来算。并且假设所有未进入下一阶段的学生，都能在本阶段顺利毕业，不考虑辍学、出国等因素。

(4)认为年龄在 15~64 岁之间的人口并参与了经济活动的人口数为劳动力人口。

(5)在经济系统中，用所有人接受教育的时间长度来表示人力资本。

(6)环境系统中，认为固废的产生量主要是生活废弃物，废气主要包括二氧化硫、氮氧化物和烟粉尘。

(7)资源系统中，自然供给量为地表供水量和地下水供水量之和，产业用水量为工业用水量、农业用水量以及生态用水量总和。

5.2　模型结构分析

5.2.1　系统因果关系分析

本书主要是在社会经济系统模型中重点分析人口政策对人口、教育、经济的影响，为了更全面地模拟社会系统，本书将整个系统分为人口子系统、教育子系统、经济子系统、环境子系统、资源子系统，人口和教育因素是使系统发展和变化的动力，经济和资源因素则是满足人类生存发展的物资条件，环境因素则是系统存在的基础条件，每个子系统之间都会通过相应的系统变量相互影响。如不同的生育政策会影响人口的数量，人口数量的变化又会影响到教育人口及质量，最后会使经济的发展发生变化，还会间接地影响到环境的污染程度以及资源的存量和分配。

为了直观地描述模型的结构，这里采用因果关系图来表示系统的整体结构。因果关系图能够清楚地表达关于系统动态形成原因的假说。因果关系图主要由因果箭、因果链和反馈回路组成。连接不同变量之间的有向线段为因果箭，因果箭有正负两种极性，正表示加强，负表示减弱，因果箭由原因变量出发，指向结果变量。用因果箭对递推性质的系统要素关系进行描绘得到因果链，因果链的极性取决于系统中负因果箭的条数，如果为奇数条，则因果链极性为负，为偶数条，则极性为正。反馈回路的极性取决于回路中负因果链的条数，若有奇数条，则回路极性为负，反之，回路极性为正。通过系统的分析，选取了各子系统的主要变量，并作因果图如图 5-1 所示。

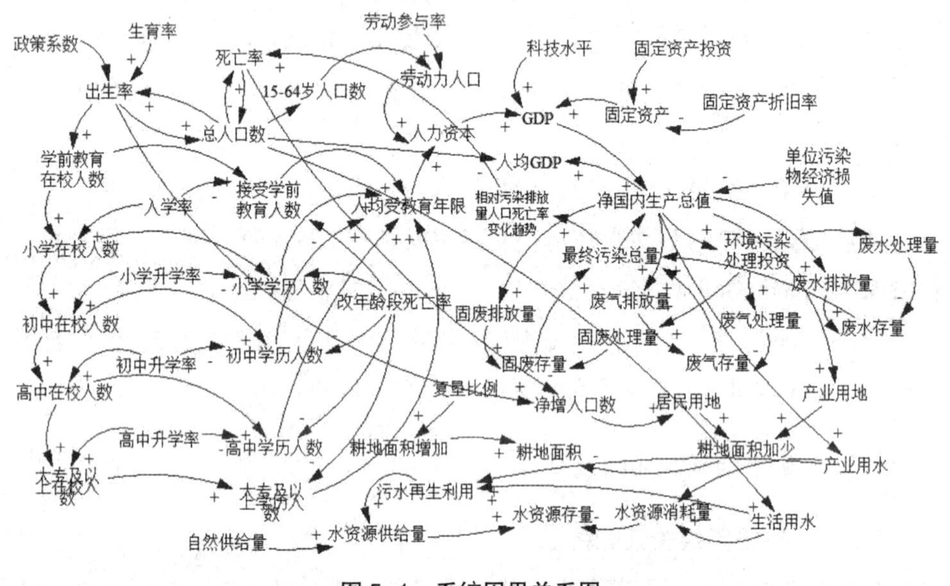

图 5-1　系统因果关系图

系统主要因果关系链如下。

(1) 政策系数⇨+出生率⇨+总人口数

(2) 总人口数⇨+15~64 岁人口数⇨+劳动力人口数⇨+人力资本

(3) 出生率⇨+学前教育在校人数⇨+小学在校人数⇨+初中在校人数⇨+高中在校人数⇨+大专及以上在校人数⇨+人均受教育年限

(4) 固定资产投资⇨+固定资产⇨+GDP⇨+净国内生产总值⇨+人均 GDP

净国内生产总值+废气排放量+废气存量
(5)净国内生产总值+固废排放量+固废存量 }+最终污染总量
净国内生产总值+废水排放量+废水存量

+相对污染排放量人口死亡率变化趋势+死亡率-总人口数

净国内生产总值+产业用地
(6) }+耕地面积加少-耕地面积
生育率+净增人口数+居民用地

净国内生产总值+产业用水
(7) }+水资源消耗量-水资源存量
总人口数+生活用水

5.2.2 子系统划分

为了更全面地分析人口、教育以及经济的关系和发展状况，本书将构建一个社会仿真系统，并重点研究人口、教育和经济部分，来分析人口政策的影响。社会系统是一个非常庞大的，由各种要素相互融合、影响的开放、动态的系统。本书运用系统分析相关原理，基于总因果关系图，并围绕研究主题，将整个社会系统划分为人口子系统、教育子系统、经济子系统、环境子系统以及资源子系统，并筛选出各子系统的主要变量因素。

1. 子模型简介

本书研究的社会系统由人口系统、教育系统、经济系统、环境系统、资源系统构成，各子系统的建立都是结合社会发展的实际情况，即各子系统相对稳定，并且子系统的变量选择都是经过多重筛选，选取的最具代表性的因素。根据社会系统的实际情况并结合研究目的，各子系统的研究侧重点如下所示。

(1)人口子系统：主要研究人口政策对各年龄段人口、总人口、净增人口的影响，以及各年龄段之间的转化关系，其中采用 19 阶人口结构表示 19 个年龄段的转化关系。通过总人口的变化从而影响到经济的发展，环境的污染程度和资源的存量。

(2)教育子系统：主要研究各学历阶段的人口数以及它们之间的转化关系和人均受教育年限，通过受教育年限来估计人力资本，受教育年限的改变会影响到人力资本，从而影响到经济的发展。

(3)经济子系统：经济子系统主要研究人力资本、固定资产、科技水平与经济的关系，并研究净国内生产总值和人均 GDP 的变化趋势。

(4)环境子系统：主要研究废气、废水、固废三大污染物对环境总污染程度的影响以及污染的发生和处理机制，探讨环境污染对人口和经济的影响。

(5)资源子系统：主要研究耕地资源和水资源产生和消耗问题，并分析人口和经济对资源存量的影响以及未来的发展问题。

2. 子系统关系

在社会系统中，人口、教育、经济、环境、资源子系统相互影响、相互制约。各子系统不仅受系统内部的因素影响，还受到其他子系统变量的影响。而且子系统通过外部的因素改变而变化时，也会将其变化反馈到外部因素，从而带动其他子系统的变化。如人口增多后，会导致环境恶化，环境又会反馈给人口，导致人口的死亡率增加，从而会使人口数量减少。

结合社会的实际情况，通过如图 5-2 所示的社会系统中人口、教育、经济、环境、资源结构图，反映各子系统的相互关系。在人口子系统中主要设置总人口、各年龄段人口、净增人口数等变量；在教育子系统中，主要设置受教育人数、学历阶段人口数、人均受教育年限等变量；在经济子系统中，主要变量由固定资产、人力资本、科技水平；在环境子系统中，主要变量有废气、废水、固废三大污染的存量、最终污染总量、相对污染总量死亡率年变化趋势等；在资源子系统中，主要变量有耕地面积、水资源存量等。

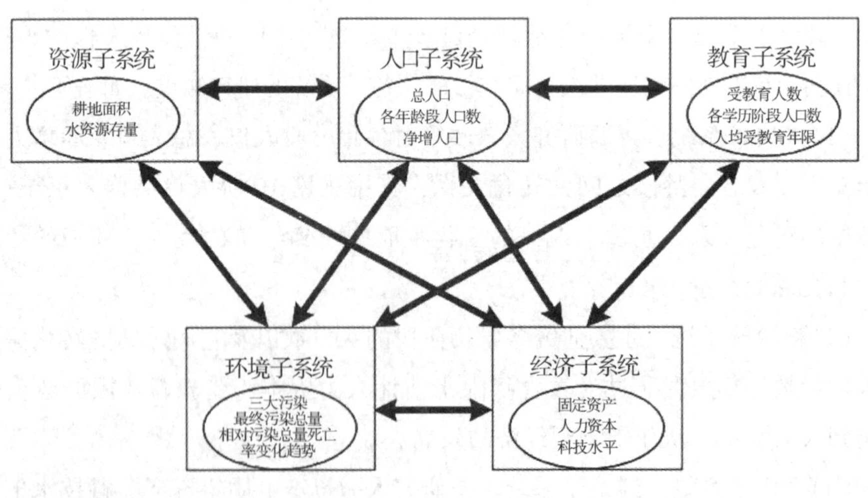

图 5-2　各子系统关系

3. 系统变量选择原则

社会系统的结构复杂，需要考虑的因素很多，为了简化模型，并且以研究目的为中心，系统变量的选择需要遵循的原则如下所示。

(1)真实性原则：所选变量必须能够反映社会各方面的真实发展状况。

(2)代表性原则：各子系统的变量需要能代表该系统的主要特征。

(3)科学性原则：变量的意义明确，统计和计算方法符合标准规范。

(4)动态性原则：变量能够反映各子系统的动态变化及发展趋势。

(5)划分性原则：每个变量都属于一个子系统。

(6)可操作性原则：根据可观察、可测量、可操作的特征来界定变量，即确定的变量需要的数据容易采集，并且可靠。

(7)简易性原则：选取的变量指标尽量简单明了，能够明确地表达某一特征，并容易量化。

5.2.3　系统变量的选择

针对不同的子系统，需要根据其特征，选取不同的变量指标，在此确定每个子系统的主要变量。

1. 人口子系统

人口子系统变量如表5-1所示。

表5-1　人口子系统变量

变量	变量类型	单位
政策系数	常量	无量纲
fr15～19	常量	分数/年
fr20～24	常量	分数/年
fr25～29	常量	分数/年
fr30～34	常量	分数/年
fr35～39	常量	分数/年
fr40～44	常量	分数/年
fr45～49	常量	分数/年
dr1	常量	分数/年

续表

变量	变量类型	单位
dr2	常量	分数/年
dr3	常量	分数/年
dr4	常量	分数/年
dr5	常量	分数/年
dr6	常量	分数/年
dr7	常量	分数/年
dr8	常量	分数/年
dr9	常量	分数/年
dr10	常量	分数/年
dr11	常量	分数/年
dr12	常量	分数/年
dr13	常量	分数/年
dr14	常量	分数/年
dr15	常量	分数/年
dr16	常量	分数/年
dr17	常量	分数/年
dr18	常量	分数/年
dr19	常量	分数/年
t1	速率变量	万人/年
t2	速率变量	万人/年
t3	速率变量	万人/年
t4	速率变量	万人/年
t5	速率变量	万人/年
t6	速率变量	万人/年
t7	速率变量	万人/年
t8	速率变量	万人/年
t9	速率变量	万人/年
t10	速率变量	万人/年

续表

变量	变量类型	单位
t11	速率变量	万人/年
t12	速率变量	万人/年
t13	速率变量	万人/年
t14	速率变量	万人/年
t15	速率变量	万人/年
t16	速率变量	万人/年
t17	速率变量	万人/年
t18	速率变量	万人/年
d1	速率变量	万人/年
d2	速率变量	万人/年
d3	速率变量	万人/年
d4	速率变量	万人/年
d5	速率变量	万人/年
d6	速率变量	万人/年
d7	速率变量	万人/年
d8	速率变量	万人/年
d9	速率变量	万人/年
d10	速率变量	万人/年
d11	速率变量	万人/年
d12	速率变量	万人/年
d13	速率变量	万人/年
d14	速率变量	万人/年
d15	速率变量	万人/年
d16	速率变量	万人/年
d17	速率变量	万人/年
d18	速率变量	万人/年
d19	速率变量	万人/年
a0～a4	水平变量	万人

续表

变量	变量类型	单位
a5～a9	水平变量	万人
a10～a14	水平变量	万人
a15～a19	水平变量	万人
a20～a24	水平变量	万人
a25～a29	水平变量	万人
a30～a34	水平变量	万人
a35～a39	水平变量	万人
a40～a44	水平变量	万人
a45～a49	水平变量	万人
a50～a54	水平变量	万人
a55～a59	水平变量	万人
a60～a64	水平变量	万人
a65～a69	水平变量	万人
a70～a74	水平变量	万人
a75～a79	水平变量	万人
a80～a84	水平变量	万人
a85～a89	水平变量	万人
a90 以上	水平变量	万人
小孩	辅助变量	万人
成人	辅助变量	万人
老人	辅助变量	万人
15 岁～64 岁人口	辅助变量	万人
劳动力人口	辅助变量	万人
总人口	辅助变量	万人
劳动参与率	表函数	无量纲
人口死亡率	常量	无量纲
净增人口数	辅助变量	万人/年

在人口子系统中，一共选取了 28 个常量，19 个水平变量，37 个速率变量，7 个辅助变量和 1 个表函数。其中，fr15~19、fr20~24、fr25~29、fr30~34、fr35~39、fr40~44、fr45~49 分别表示年龄为 15 岁到 19 岁、20 岁到 24 岁、25 岁到 29 岁、30 岁到 34 岁、35 岁到 39 岁、40 岁到 44 岁、45 岁到 49 岁的妇女的生育率；dr1 到 dr19 分别为 19 个年龄段的死亡率，t1 到 t18 分别为本年龄段到下一个年龄段的转化率，d1 到 d19 分别表示 19 个年龄段的人口死亡速率；a0~a4 表示年龄为 0 到 4 岁的人口数，a5~a9 表示年龄为 5 岁到 9 岁的人口数……a90 以上表示年龄在 90 岁以上的人口数；小孩表示年龄在 0 岁和 14 岁之间的人口数，即小孩的数量，成人表示年龄在 15 岁到 64 岁之间的人口数，即成年人的数量，老人表示老人的数量，即 65 岁及以上的人口数。

构建人口动力学模型，最常见的方法是分析总人口与人口出生率和死亡率的关系，为了更细致地表示我国的人口结构以及发展趋势，本书将人口按年龄段来划分，分为 0 到 4 岁，5 到 9 岁……90 岁以上，共 19 各年龄段，每 5 个年龄分为一段，这样就能研究各个年龄段的人口状况以及发展趋势。

模型不考虑出国以及国外人员入境等因素，因此，除了最后一个年龄段外，其他各年龄段人口存量的输入流只有一个，即上一个阶段转来的人口量，存在两个输出流，分别是转移到下一个年龄段的人口量和死亡量，其中 0 岁到 5 岁年龄段的输入流是出生人口数。90 岁以上，即最后一个年龄段，因为不存在向下一个年龄段转移，因此只有一个输出流，即死亡量。

转化率表示从这一年龄阶段转化到下一年龄阶段，因此与每一个年龄阶段的最大年龄人口数有关，这里认为没有死亡的最大年龄人口都会转移到下一个年龄阶段，且每一年龄段的各年龄人口数量相等，即为该年龄段人口数/5。通过查阅和整理统计年鉴数据，得到各年龄段的死亡率如表 5-2 所示。

表 5-2　人口各年龄段死亡率(%)

年龄段	死亡率	年龄段	死亡率
0~4 岁	0.089	50~54 岁	0.35
5~9 岁	0.018	55~59 岁	0.648
10~14 岁	0.031	60~64 岁	0.942
15~19 岁	0.046	65~69 岁	1.751
20~24 岁	0.042	70~74 岁	2.867
25~29 岁	0.056	75~79 岁	5.065
30~34 岁	0.081	80~84 岁	7.972
35~39 岁	0.114	85~89 岁	13.294
40~44 岁	0.178	90 岁以上	18.804
45~49 岁	0.25		

各年龄段的生育率和政策系数都会影响总人口的出生率，即第一个年龄段的输入流。通常情况下，认为女性的生育年龄为 15 岁到 49 岁。这里将女性生育年龄分为 15 到 19 岁，20 到 24 岁，25 到 29 岁，30 到 34 岁，35 到 39 岁，40 到 44 岁，45 到 49 岁，每 5 年一个年龄段，通过统计分析，得出各年龄段的女性的生育率如表 5-3 所示。

表 5-3　各年龄段女性生育率

年龄段	15~19	20~24	25~29	30~34	35~39	40~44	45~49
生育率	0.05	0.3	0.4	0.15	0.05	0.04	0.01

政策系数是对人口政策的量化，通常人口政策不同，政策系数会不同，如计划生育期间，政策系数为 1；完全开放二孩期间，政策系数为 1.5；三孩政策的政策系数为 2.5。政策系数还可以根据具体情况在 1 到 3 之间调整。

根据相关规定，劳动力人口年龄范围为 15 岁到 64 岁，其中分为失去劳动能力的人口和具有劳动能力的人口，这里将统计年鉴里的经济活动人口视为具有劳动力的劳动人口。

2. 教育子系统

教育子系统变量如表 5-4 所示。

表 5-4　教育子系统变量

变量	类型	单位
年龄段长度	常量	年
入学率	常量	分数/年
小学升学率	常量	分数/年
初中升学率	常量	分数/年
高中升学率	常量	分数/年
大专及以上就读年数	常量	年
死亡率 1	常量	分数/年
死亡率 2	常量	分数/年
死亡率 3	常量	分数/年
死亡率 4	常量	分数/年
死亡率 5	常量	分数/年
接受教育人口数	辅助变量	万人
学前教育比例	辅助变量	无量纲
小学学历人口占比	辅助变量	无量纲
初中学历人口占比	辅助变量	无量纲
高中学历人口占比	辅助变量	无量纲
大专及以上学历人口占比	辅助变量	无量纲
人均受教育年限	辅助变量	无量纲
入学速率	速率变量	万人/年
入学人数	速率变量	万人/年
小学升学人数	速率变量	万人/年
初中升学人数	速率变量	万人/年
高中升学人数	速率变量	万人/年

续表

变量	类型	单位
未升学速率	速率变量	万人/年
小学毕业未升学速率	速率变量	万人/年
初中毕业未升学速率	速率变量	万人/年
高中毕业未升学速率	速率变量	万人/年
大专及以上毕业速率	速率变量	万人/年
学前教育学生数	水平变量	万人
小学在校人数	水平变量	万人
初中在校人数	水平变量	万人
高中在校人数	水平变量	万人
大专及以上在校人数	水平变量	万人
接受学前教育人数	水平变量	万人
小学学历人数	水平变量	万人
初中学历人数	水平变量	万人
高中学历人数	水平变量	万人
大专及以上学历人数	水平变量	万人

在教育子系统中，共有 11 个常数，10 个速率变量，10 个水平变量，7 个辅助变量。其中，入学率表示年龄段为 5 到 9 岁的人口进入学前教育的速率，小学升学率表示从小学毕业进入初中的速率，其他类似；大专及以上就读年数表示大专、本科、研究生、博士生等学历的就读年龄，这里将其设置为 4；死亡率 1、死亡率 2、死亡率 3、死亡率 4、死亡率 5 分别表示接受学前教育、小学学历、初中学历、高中学历、大专及以上学历这五个阶段的死亡率，分别根据相应年龄段的平均死亡率确定；未升学速率表示没有从学前教育进入小学的速率，小学毕业未升学速率表示小学毕业后没有进入初中的速率，其他类似。

为了量化教育水平带来的经济收益，这里设定了人均受教育年限来表示平均受教育水平，其中对受教育水平影响最大的就是各阶段的升学率，升学率越大，受教育水平就越高，反之，受教育水平就越低。这里将人口的受教育程度分为 5 各阶段，分别为接受学前教育人口、小学学历人口、初中学历人口、高中学历人口、大专及以上学历人口。通过对收集数据的整理，得到各阶段的升学率如表 5-5 所示。

表 5-5　各阶段的升学率(%)

入学率	小学升学率	初中升学率	高中升学率
0. 98	0. 969	0. 82	0. 6

这里将在校生也分为 5 个阶段，本阶段的在校生人数中未升学的为拥有该阶段学历的人口，升学的则为下一阶段的在校生。设定进入学前教育的年龄为 6 岁，学前教育、小学、初中、高中、大专及以上阶段的在读年数分别为 1 年、6 年、3 年、3 年、4 年。各学历存量都有一个输入流和一个输出流，输出流为各学历死亡人数，通过各年龄阶段人口死亡率得到各学历阶段死亡率如表 5-6 所示。

表 5-6　各学历阶段人口死亡率(%)

只受过学前教育	小学学历	初中学历	高中学历	大专及以上学历
0. 000 18	0. 000 31	0. 006 97	0. 006 97	0. 006 97

3. 经济子系统

经济子系统变量如表 5-7 所示。

表 5-7　经济子系统变量

变量	类型	单位
单位污染物经济损失值	常量	亿元/万吨
基固定资产投资	常量	亿元
科技水平	常量	无量纲

续表

变量	类型	单位
GDP	辅助变量	亿元
人均 GDP	辅助变量	亿元/万人
净国内生产总值	辅助变量	亿元
固定资产投资量	辅助变量	亿元
固定资产折旧量	辅助变量	亿元
固定资产	辅助变量	亿元
人力资本	水平变量	亿元
固定资产投资增长率	表函数	无量纲
固定资产折旧率	表函数	无量纲

在经济子系统中，共有 3 个常量，6 个辅助变量，1 个水平变量，2 个表函数。本书将影响经济的因素设定为人力资本、固定资产、科技水平，用 GDP 来量化经济发展状况，并利用柯布-道格拉斯生产函数，即 C-D 函数 $Y=A(t)K_t^{\alpha}H_t^{\beta}$，来表示经济与人力资本、固定资产以及科技水平的关系。其中 $A(t)$ 表示科技水平；K 表示固定资产；H 表示人力资本。

人力资本受到人力质量以及劳动力的影响，因此本书研究用人均受教育年限来表示人力质量，用经济活动人口来表示劳动力，人力资本表示为人力质量和劳动力的乘积。

对 C-D 函数 $Y_t=A(t)K_t^{\alpha}H_t^{\beta}$ 两边取对数，得到下式：

$$\ln(Y_t)=\ln(A_t)+\alpha\ln(K_t)+\beta\ln(H_t) \tag{5-1}$$

将得到的人力资本、固定资产、GDP 数据取对数，然后利用 SPSS 进行回归分析，得到参数 $\ln(A_t)=0.279$，$\alpha=0.821$，$\beta=0.168$，并且 Sig=0.000，$R^2=0.977$，回归效果显著。并且经济与人力资本、固定资产、科技水平成正相关，符合实际情况，所以表示式(5-1)能够正确表示 GDP 与人力资本、固定资产、科技水平的关系，如下所示：

$$Y_t=e^{0.279}K_t^{0.821}H_t^{0.168} \tag{5-2}$$

为了更好地表示我国经济发展的实际情况，本书将考虑环境污染对经济增长的影响，并引入了净国内生产总值指标。我国的 GDP 虽然高，但人均 GDP 与其他发达国家还是有一定差距，因此引入人均 GDP 来研究我国经济发展的真实状况。

4. 环境子系统

环境子系统变量如表 5-8 所示。

表 5-8　环境子系统变量

变量	类型	单位
单位国内生产总值废弃物产生量	常量	万吨/亿元
单位国内生产总值工业固废产生量	常量	万吨/亿元
单位固废处理成本	常量	亿元/万吨
固废处理投资比	常量	无量纲
环境投资比	常量	无量纲
单位国内生产总值废气排放量	常量	万吨/亿元
单位废气处理成本	常量	亿元/万吨
废气处理投资比	常量	无量纲
单位国内生产总值废水排放量	常量	万吨/亿元
单位废水处理成本	常量	亿元/万吨
废水处理投资比	常量	无量纲
生活废弃物产生量	辅助变量	万吨
工业固废产生量	辅助变量	万吨
固废处理投资	辅助变量	亿元
环境污染治理投资总额	辅助变量	亿元
工业废气排放量	辅助变量	万吨
废气处理投资	辅助变量	亿元
工业废水排放量	辅助变量	万吨
废水处理投资	辅助变量	亿元
最终污染总量	辅助变量	万吨

续表

变量	类型	单位
相对于污染排放量人口死亡率变动趋势	辅助变量	无量纲
固废排放量	速率变量	万吨/年
固废处理量	速率变量	万吨/年
废气排放量	速率变量	万吨/年
废气处理量	速率变量	万吨/年
废水排放量	速率变量	万吨/年
废水处理量	速率变量	万吨/年
固废存量	水平变量	万吨
废气存量	水平变量	万吨
废水存量	水平变量	万吨

在环境子系统中，共有 11 个常量，6 个速率变量，3 个水平变量，10 个辅助变量。其中，环境污染投资比、单位国内生产总值废弃物产生量、固废处理投资比、单位固废处理成本、单位国内生产总值废气排放量、单位废气处理成本、废气处理投资比、单位国内生产总值废气排放量、单位废水处理成本、废水处理投资比都是取中国统计年鉴 2004 年至 2014 年的数据的期望值。本书将环境污染物分为固废、废气和废水，并通过三种污染物的存量来计算环境总污染，通过污染总量来影响人口的死亡率，从而对人口的总数量和劳动力人口产生影响。

在数据的采集上，选取工业固废和生活废弃物为固废主要来源，废气主要包括二氧化硫、氮氧化物、烟尘和粉尘，废水主要为工业废水和生活污水等。

5. 资源子系统

资源子系统变量如表 5-9 所示。

表 5-9　资源子系统变量

变量	类型	单位
单位产值用地比例	常量	千公顷/亿元
居民用地系数	常量	千公顷/万人
年自然供给量	常量	亿立方米
再生利用率	常量	无量纲
产业用地	辅助变量	千公顷
居民用地	辅助变量	千公顷
产业用水量	辅助变量	亿立方米
污水再生利用量	辅助变量	亿立方米
生活用水量	辅助变量	亿立方米
复垦比例	辅助变量	无量纲
耕地面积增加	速率变量	千公顷/年
耕地面积减少	速率变量	千公顷/年
水资源供给量	速率变量	亿立方米/年
水资源消耗量	速率变量	亿立方米/年
耕地面积	水平变量	千公顷
水资源存量	水平变量	亿立方米
单位产值用水量	表函数	亿立方米/亿元
人均生活用水量	表函数	亿立方米/万人

在资源子系统中，共有 4 个常量，4 个速率变量，2 个水平变量，6 个辅助变量，2 个表函数。

如今农地“非农化”问题严重，耕地数量、质量均有所下降，土地资源浪费严重。水资源是人类生产生活的关键资源，可是现今的生态环境遭到严重破坏，水体污染严重，水资源的保护和水污染的治理成为现代社会最关注的问题。随着城市化和经济社会发展，土地被大量占用，非农业灌溉用水需求在急剧增加，农业与工业、农村与城市、生产与生活、生产与生态等诸多用水矛盾进一步加剧。尽管中国采取了最严格的耕地保护措施，但大量的农田和农业灌溉水源被城市和工业占用，耕地资源减少的势头难以逆转，水资源短缺的压力进一步增大。因此本书主要讨论耕地面积和水资源存量，并分析这两类资源的现状和未来发展情况。

耕地面积的减少主要是由于产业用地和居民用地的增多，占用了耕地资源，因此选取产业用地和居民用地这两个指标为耕地面积的输出流，土地复垦是耕地面积的主要输入流。水资源的输出流主要为产业用水和生活用水，产业用水包括工业用水、农业用水和生态用水。输入流主要为年自然供给量和污水的再生利用，年自然供给主要包括地表水供给和地下水供给，污水再生利用主要包括产业用水和生活用水的再生利用。

5.2.4　各子系统的流图

为了更清楚地表示人口、教育、经济、环境和资源子系统的内部结构，这里绘制了各个子系统的系统流图。

1. 人口子系统流图

在社会生产中，人是最为关键的要素，也是最主要的资源，人口的数量变化极大程度上影响着经济的发展。人口的适度增长可以提供社会足够的人力资源，并促进经济的增长，而人口的过度增长，反而会抑制经济的发展，如人口增长过快，会导致环境的恶化和资源的浪费，这样会加大社会在环境治理和资源保护上的资金投入，从而影响了经济的增长。所以保持适度的人口数量才是维持经济和社会稳定发展的关键因素。

本书将人口子系统分为个年龄段人口子模型、劳动力和总人口子模型和净增人口子模型，并作流图如图 5-3、图 5-4、图 5-5 所示。

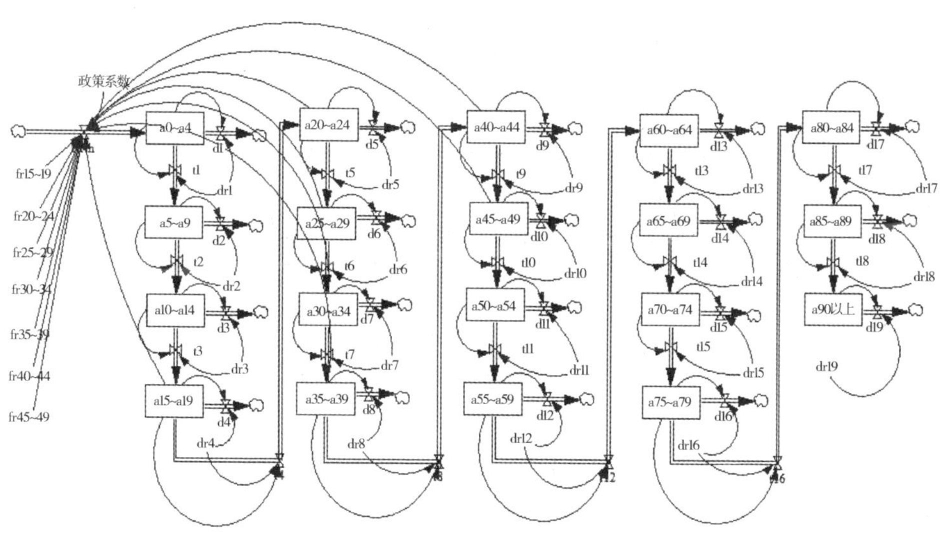

图 5-3　人口子模型流图

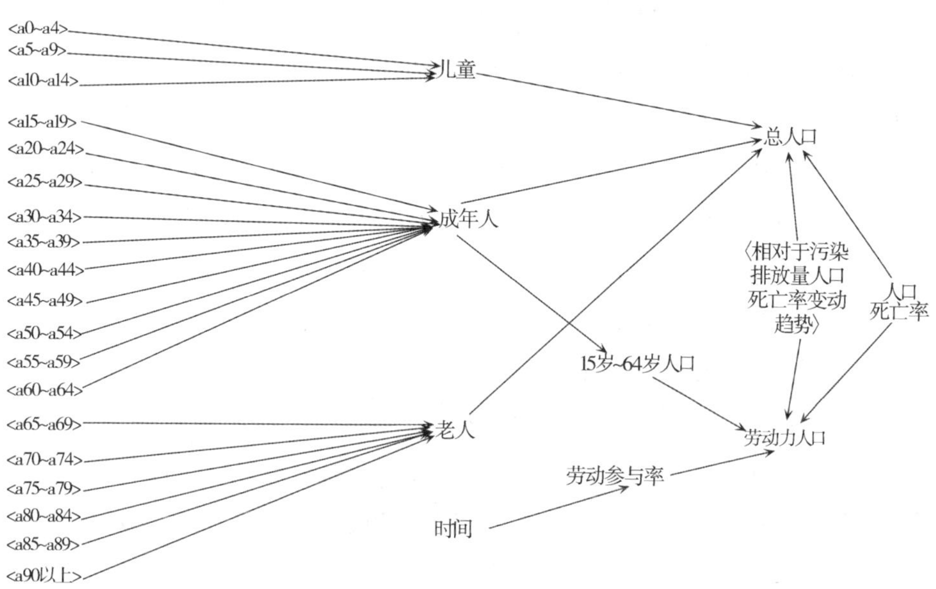

图 5-4　总人口、劳动力人口流图

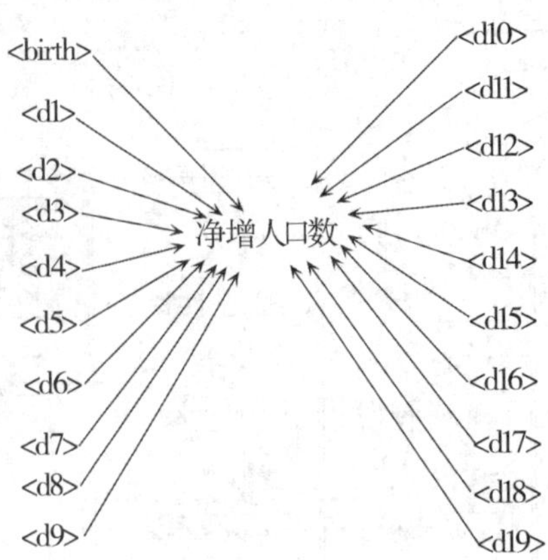

图 5-5　净增人口流图

在人口子系统流图中，主要水平变量为 19 个年龄段的人口存量；主要速率变量为各年龄段的死亡速率、转化速率和出生率；主要常量为各年龄段的死亡率、政策系数、生育率、劳动参与率以及期望人口死亡率，上述常量取之于中国统计年鉴 2004—2014 年间的数据的期望值；主要辅助变量为小孩、成人、老人、15~64 岁人口、劳动力人口数、总人口数和净增人口数。

人口数量是人口子系统的研究重点，受到其他子因素的影响和制约，如环境因素和政策因素。环境污染会对人口死亡率产生影响；劳动力人口主要影响到人力资本，从而影响经济的发展；人口死亡率会影响各学历阶层的人数；总人口和净增人口数主要影响到资源的利用。通过这些变量的相互作用，从而实现了人口、教育、经济、环境、资源之间的链接。

2. 教育子系统流图

高等教育在经济发展中的作用越来越重要。教育对经济发展起着促进人力资本优化的作用，催生科学技术，直接创造财富的积极作用。教育在经济发展中的积极作用源于人的因素在经济发展中的特殊重要性。教育通过对人的培养、改变、提高而对经济发展发挥作用。因此本书重点研究我国不同阶段教育人口比例的变化以及受教育程度与经济发展的关系。教育子系统流图如图 5-6 所示。

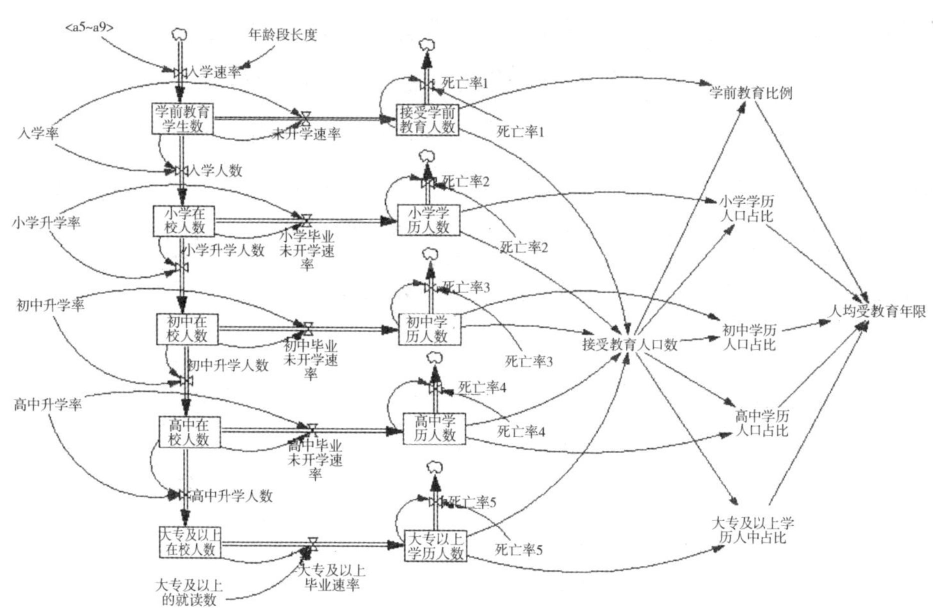

图 5-6　教育子系统流图

在教育子系统中，水平变量有学前教育学生数、小学在校人数、初中在校人数、高中在校人数、大专及以上在校人数、接受教育人数、小学学历人数、初中学历人数、高中学历人数、大专及以上学历人数，共 5 个阶段的在校人数和 5 个不同学历人数。速率变量有入学率、入学人数、小学升学人数、初中升学人数、高中升学人数；小学毕业为升学速率、初中毕业为升学速率、高中毕业为升学速率、大专及以上为毕业速率、各学历阶段的死亡速率。常量有入学率、小学升学率、初中升学率、高中升学率、年龄段长度、大专及以上就读年数、各学历阶段死亡率。辅助变量有接受教育人口数、学前教育占比、小学学历人口占比、初中学历人口占比、高中学历人口占比、大专及以上学历人口占比、人均受教育年限。

人均受教育年限和各学历人口占比是教育子系统的研究重点。不同学历人口占比会影响人均受教育年限，人均受教育年限会影响人力资本，从而影响经济的发展。

3. 经济子系统流图

经济是推动社会发展的重要驱动力，无论是人口的控制还是教育质量的提高，都是为了增强我国经济竞争力。这里选取国内生产总值代表经济指标，它能够反映社会生产的综合水平，因此在宏观经济的分析中具有重要作用。但国内生产总值没有考虑到环境污染等因素，因此这里引入净国内生产总值，表示考虑环境污染带来的经济损失后的实际生产总值。此外，国内生产总值和净国内生产总值都没有考虑人口数量的问题，因此引入人均国内生产总值，表示我国每个人拥有的产值。经济系统流图如图 5-7 所示。

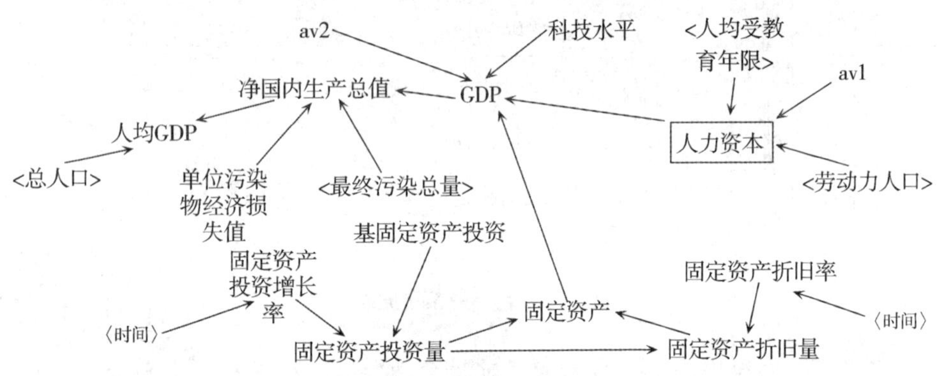

图 5-7　经济子系统流图

在经济子系统中，水平变量有人力资本，常量有单位污染物经济损失值、科技水平及固定资产投资，辅助变量有 GDP、净国内生产总值、人均 GDP、固定资产投资量、固定资产、固定资产折旧量，表函数有固定资产投资增长率、固定资产折旧率。

本书采用柯布-道格拉斯（CD）生产函数来表示人力资本、固定资产、科技水平与经济的关系。其中人力资本主要受到人均受教育年限和劳动力人口的影响；固定资产由固定资产投资量和固定资产折旧量确定，固定资产投资增长率和固定资产折旧率根据中国统计年鉴中 2004 年—2014 年的数据算得。

4. 环境子系统流图

环境是我们人类生存的基础条件，经济的发展和环境之间存在一定的相互制约，如果只注重经济的发展，而忽视了环境的保护，那么经济也会受到抑制，在此环境子系统中，通过将环境污染与人口数量之间设定关联，有效地衔接了环境、经济、人口子系统的连接关系。环境子系统流图如图 5-8 所示。

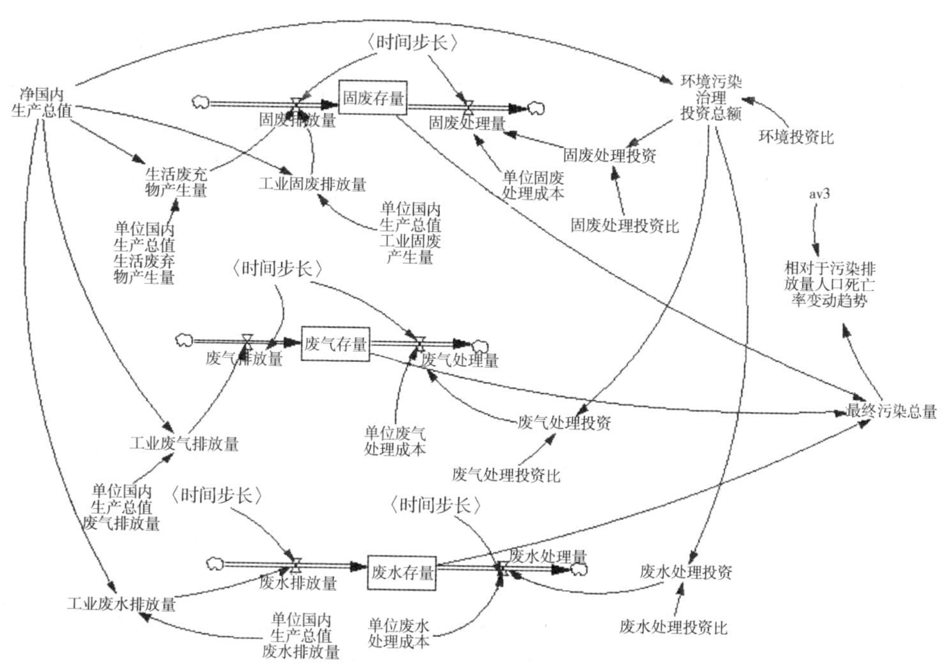

图 5-8　环境子系统流图

在环境子系统中，主要考虑固废、废气和废水三大污染物对环境的影响，并设置固废存量、废气存量和废水存量为水平变量，分别表示三大污染物的总量。速率变量有固废排放量、固废处理量、废气产生量、废气处理量、废水排放量、废水处理量，分别表示三大污染物的产生和处理速率。辅助变量有生活废弃物产生量、工业固废排放量、固废处理投资、工业废气排放量、废气处理投资、工业废水排放量、废水处理投资、最重污染总量、相对污染排放量人口死亡率变动趋势。常量有环境投资比、单位国内生产总值生活废弃物产生量、单位国内生产总值工业固废产生量、固废处理投资比、单位固废处理成本、单位国内生产总值废气排放量、单位废气处理成本、废气处理投资比、单位国内生产总值废水排放量、单位废水处理成本、废水处理投资比。

5. 资源子系统流图

资源是人类生活和经济发展的物质条件，资源可以分为水资源和土地资源。土地是人类生产和生活不可缺少的物质基础，也是人类赖以生存的生态系统。可是人类的土地利用活动却造成了土地资源的严重污染和破坏，土地不合理利用产生的问题威胁到人类自身的发展。耕地资源是人们经济收入中占比较大的一类土地资源，且其受到人类活动的影响较为严重，因此选取耕地为研究对象，来研究我国土地资源的利用情况。资源子系统流图如图 5-9 所示。

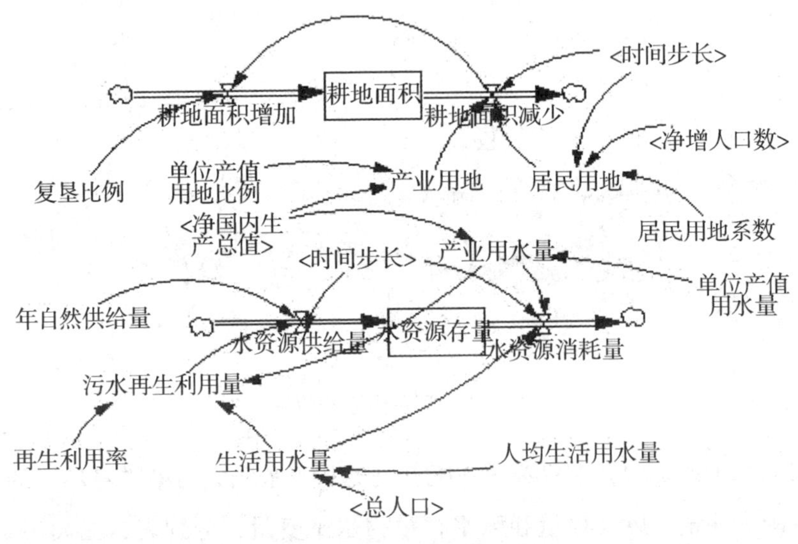

图 5-9　资源子系统流图

在资源子系统中，水平变量有耕地面积和水资源存量，分别表示这两类资源的存量。速率变量有耕地面积增加、耕地面积减少、水资源供给量、水资源消耗量，分别表示耕地资源和水资源的输入流和输出流。辅助变量有产业用地、居民用地、产业用水、污水再生利用量、生活用水。常量有复垦比例、单位产值用地比例、居民用地系数、单位产值用水量、年自然供给量、再生利用率、人均生活用水量。这些常量均取值于 2004—2014 年中国统计年鉴数据的期望值。资源子系统中的产业用地和产业用水量受到经济子系统中的净国内生产总值的影响；居民用地和生活用水量分别受到人口子系统的净增人口和总人口的影响，有效地衔接了资源、经济、人口子系统的连接关系。

5.2.5　系统变量的结构方程

1. 人口子系统

(1)水平变量。人口子系统水平变量方程如表 5-10 所示。

表 5-10　人口子系统水平变量方程

水平变量	方程式	水平变量	方程式
a0～a4	birth-d1-t1	a50～a54	t10-d11-t11
a5～a9	t1-d2-t2	a55～a59	t11-d12-t12
a10～a14	t2-d3-t3	a60～a64	t12-d13-t13
a15～a19	t3-d4-t4	a65～a69	t13-d14-t14
a20～a24	t4-d5-t5	a70～a74	t14-d15-t15
a25～a29	t5-d6-t6	a75～a79	t15-d16-t16
a30～a34	t6-d7-t7	a80～a84	t16-d17-t17
a35～a39	t7-d8-t8	a85～a89	t17-d18-t18
a40～a44	t8-d9-t9	a90 以上	t18-d19
a45～a49	t9-d10-t10	—	—

(2)水平变量初值。人口子系统水平变量初值如表 5-11 所示。

表 5-11　人口子系统水平变量初值

水平变量	初值	水平变量	初值
a0～a4	6 418. 6	a50～a54	8 966. 7
a5～a9	7 906. 9	a55～a59	6 408. 3
a10～a14	10 764. 8	a60～a64	4 937. 7
a15～a19	11 334. 1	a65～a69	4 155. 9
a20～a24	8 257. 8	a70～a74	3 375. 4
a25～a29	9 179. 6	a75～a79	1 987. 5

续表

水平变量	初值	水平变量	初值
a30～a34	12 236. 1	a80～a84	1 086
a35～a39	12 715. 3	a85～a89	386. 6
a40～a44	10 435. 3	a90 以上	139. 9
a45～a49	9 295. 7	—	—

(3)速率变量。人口子系统速率变量方程如表 5-12 所示。

表 5-12　人口子系统速率变量方程

速率变量	方程式	速率变量	方程式
d1	"a0-a4"·dr1	t1	"a0-a4"/5·(1-dr1)
d2	"a5-a9"·dr2	t2	"a5-a9"/5·(1-dr2)
d3	"a10-a14"·dr3	t3	"a10-a14"/5·(1-dr3)
d4	"a15-a19"·dr4	t4	"a15-a19"/5·(1-dr4)
d5	"a20-a24"·dr5	t5	"a20-a24"/5·(1-dr5)
d6	"a25-a29"·dr6	t6	"a25-a29"/5·(1-dr6)
d7	"a30-a34"·dr7	t7	"a30-a34"/5·(1-dr7)
d8	"a35-a39"·dr8	t8	"a35-a39"/5·(1-dr8)
d9	"a40-a44"·dr9	t9	"a40-a44"/5·(1-dr9)
d10	"a45-a49"·dr10	t10	"a45-a49"/5·(1-dr10)
d11	"a50-a54"·dr11	t11	"a50-a54"/5·(1-dr11)
d12	"a55-a59"·dr12	t12	"a55-a59"/5·(1-dr12)
d13	"a60-a64"·dr13	t13	"a60-a64"/5·(1-dr13)
d14	"a65-a69"·dr14	t14	"a65-a69"/5·(1-dr14)
d15	"a70-a74"·dr15	t15	"a70-a74"/5·(1-dr15)
d16	"a75-a79"·dr16	t16	"a75-a79"/5·(1-dr16)

续表

速率变量	方程式	速率变量	方程式
d17	"a80-a84" · dr17	t17	"a80-a84"/5 · (1-dr17)
d18	"a85-a89" · dr18	t18	"a85-a89"/5 · (1-dr18)
d19	a90 以上 · dr19		

(4)辅助变量。

①小孩="a0-a4"+"a10-a14"+"a5-a9"

②成人="a15-a19"+"a20-a24"+"a25-a29"+"a30-a34"+"a35-a39"+"a40-a44"+"a45-a49"+"a50-a54"+"a55-a59"+"a60-a64"

③老人="a65-a69"+"a70-a74"+"a75-a79"+"a80-a84"+"a85-a89"+a90 以上

④15 岁-64 岁人口=成人

⑤劳动力人口="15 岁-64 岁人口" * 劳动参与率 * (1-人口死亡率 * 相对于污染排放量人口死亡率变动趋势)

⑥总人口=(成人+小孩+老人) * (1-人口死亡率 * 相对于污染排放量人口死亡率变动趋势)

⑦净增人口数=成人-d1-d2-d3-d4-d5-d6-d7-d8-d9-d10-d11-d12-d13-d14-d15-d16-d17-d18-d19

(5)表函数。劳动参与率={[(2004, 0)-(2050, 1)], (2004, 0.802 951), (2005, 0.803 452), (2006, 0.798 73), (2007, 0.795 689), (2008, 0.797 076), (2009, 0.799 113), (2010, 0.806 468), (2011, 0.807 701), (2012, 0.811 06), (2013, 0.816 119), (2014, 0.821 706), (2050, 0.965 7)}

2. 教育子系统

(1)水平变量。

①学前教育学生数=入学速率-入学人数-未升学速率

②小学在校人数=入学人数-小学升学人数-小学毕业未升学速率

③初中在校人数=小学升学人数-初中升学人数-初中毕业未升学速率

④高中在校人数=初中升学人数-高中升学人数-高中毕业未升学速率

⑤大专及以上在校人数=高中升学人数-大专及以上毕业速率

⑥接受学前教育人数=未升学速率-死亡速率 1

⑦小学学历人数=小学毕业未升学速率-死亡速率 2

⑧初中学历人数=初中毕业未升学速率-死亡速率 3

⑨高中学历人数=高中毕业未升学速率-死亡速率 4

⑩大专及以上学历人数=大专及以上毕业速率-死亡速率 5

(2)水平变量初值。教育子系统水平变量初值如表 5-13 所示。

表 5-13　教育子系统水平变量初值

变量	初值	变量	初值
学前教育学生数	2 089.4	接受学前教育人数	11 910.7
小学在校人数	11 246.4	小学学历人数	42 089.4
初中在校人数	6 576.29	初中学历人数	51 075.8
高中在校人数	3 648.99	高中学历人数	17 413.5
大专及以上在校人数	2 127.37	大专及以上学历人数	7 498.65

(3)速率变量

①入学速率="a5-a9"/年龄段长度

②入学人数=入学率×学前教育学生数

③小学升学人数=小学升学率×(小学在校人数/6)

④初中升学人数=初中升学率×(初中在校人数/3)

⑤高中升学人数=高中升学率×(高中在校人数/3)

⑥未升学速率=学前教育学生数×(1-入学率)

⑦小学毕业未升学速率=小学在校人数/6×(1-小学升学率)

⑧初中毕业未升学速率=初中在校人数/3×(1-初中升学率)

⑨高中毕业未升学速率=高中在校人数/3×(1-高中升学率)

⑩大专及以上毕业速率=大专及以上在校人数/大专及以上就读年数

(4)辅助变量。

①接受教育人口数=初中学历人数+大专及以上学历人数+小学学历人数+接受学前教育人数+高中学历人数

②学前教育比例=接受学前教育人数/接受教育人口数

③小学学历人口占比=小学学历人数/接受教育人口数

④初中学历人口占比=初中学历人数/接受教育人口数

⑤高中学历人口占比=高中学历人数/接受教育人口数

⑥大专及以上学历人口占比=大专及以上学历人数/接受教育人口数

⑦人均受教育年限=学前教育比例+小学学历人口占比×7+初中学历人口占比×10+高中学历人口占比×13+大专及以上学历人口占比×17

3. 经济子系统

(1)水平变量。人力资本=人均受教育年限×劳动力人口×av1

(2)水平变量初值。人力资本初值=769 955

(3)辅助变量。

①GDP=科技水平×EXP(0.821×LN(固定资产/av2))×EXP(0.168×ln(人力资本/av2))×av2

②人均 GDP=净国内生产总值/总人口

③净国内生产总值= GDP-(单位污染物经济损失值×最终污染总量)

④固定资产投资量=基固定资产投资×(1+固定资产投资增长率)

⑤固定资产折旧量=固定资产投资量×固定资产折旧率

⑥固定资产=固定资产投资量-固定资产折旧量

(4)表函数。

①固定资产投资增长率={[(2004, 0)-(2050, 40)], (2004, 0), (2005, 0.259 617), (2006, 0.560 764), (2007, 0.948 494), (2008, 1.452 26), (2009, 2.186 84), (2010, 2.571 15), (2011, 3.419 67), (2012, 4.316 56), (2013, 5.332 48), (2014, 6.265 08), (2050, 40)}

②固定资产折旧率={[(2004, -0.4)-(2050, 1)], (2004, -0.348 587), (2005, -0.203 687), (2006, -0.099 587 3), (2007, 0.001 536 51), (2008, 0.100 96), (2009, 0.195 753), (2010, 0.170 103), (2011,

0. 233 409)，(2012，0. 273 153)，(2013，0. 320 013)，(2014，0. 343 335)，(2050，0. 865 5)}

4. 环境子系统

(1)水平变量。

①固废存量=固废排放量-固废处理量

②废气存量=废气排放量-废气处理量

③废水存量=废水排放量-废水处理量

(2)水平变量初值

①固废存量初值=3 400

②废气存量初值=2 650

③废水存量初值=604 760

(3)速率变量

①固废排放量=(生活废弃物产生量+工业固废排放量)/TIME STEP

②固废处理量=固废处理投资/单位固废处理成本/TIME STEP

③废气排放量=工业废气排放量/TIME STEP

④废气处理量=废气处理投资/单位废气处理成本/TIME STEP

⑤废水排放量=工业废水排放量/TIME STEP

⑥废水处理量=废水处理投资/单位废水处理成本/TIME STEP

(4)辅助变量。

①生活废弃物产生量=净国内生产总值×单位国内生产总值废弃物产生量

②工业固废产生量=净国内生产总值×单位国内生产总值工业固废产生量

③固废处理投资=固废处理投资比×环境污染治理投资总额

④环境污染治理投资总额=净国内生产总值×环境投资比

⑤工业废气排放量=净国内生产总值×单位国内生产总值废气排放量

⑥废气处理投资=环境污染治理投资总额×废气处理投资比

⑦工业废水排放量=净国内生产总值×单位国内生产总值废水排放量

⑧废水处理投资=废水处理投资比×环境污染治理投资总额

⑨最终污染总量=固废存量+废气存量+废水存量

⑩相对于污染排放量人口死亡率变动趋势=-0. 321 6×((最终污染总量/

av3-610810)/610810)×((最终污染总量/av3-610 810)/610 810)+0.455 2×((最终污染总量/av3-610 810)/610 810)+0.041

5. 资源子系统

(1)水平变量。

①耕地面积=耕地面积增加-耕地面积减少

②水资源存量=水资源供给量-水资源消耗量

(2)水平变量初值。

①耕地面积初值=122 444

②水资源存量初值=299.8

(3)速率变量。

①耕地面积增加=耕地面积减少×复垦比例

②耕地面积减少=(产业用地+居民用地)/TIME STEP

③水资源供给量=(年自然供给量+污水再生利用量)/TIME STEP

④水资源消耗量=(产业用水量+生活用水量)/TIME STEP

(4)辅助变量。

①产业用地=净国内生产总值×单位产值用地比例

②居民用地=(净增人口数×居民用地系数)×TIME STEP

③产业用水量=净国内生产总值×单位产值用水量

④污水再生利用量=再生利用率×(生活用水量+产业用水量)

⑤生活用水量=人均生活用水量×总人口

⑥复垦比例= IF THEN ELSE(Time≤2008, 0.907, IF THEN ELSE(Time=2009, 4.765, 0.99))

(5)表函数。

①单位产值用水量={[(2004, 0)-(2050, 0.09)], (2004, 0.058 447 9), (2005, 0.047 512 5), (2006, 0.040 977), (2007, 0.034 963 6), (2008, 0.030 875 4), (2009, 0.026 6267), (2010, 0.023 036 3), (2011, 0.020 429), (2012, 0.018 279 2), (2013, 0.016 580 8), (2014, 0.014 788 4), (2050, 0.005 722)}

②人均生活用水量={[(2004, 0)-(2050, 0.02)], (2003.86, 0.005

009 69)，(2005，0.005 161 39)，(2006，0.005 273 32)，(2007，0.005 369 65)，(2008，0.005 482 95)，(2009，0.005 598 16)，(2010，0.005 703 48)，(2011，0.005 857 88)，(2012，0.005 464 08)，(2013，0.005 521 21)，(2014，0.005 624 73)，(2050，0.007 716)}

5.3 系统变量参数值的确定

在建立系统动力学模型时，参数的选择和确定尤为重要，在选择了参数之后，就要确定参数的值。本书主要从以下几个方面确定参数值。

(1)确定参数值所需的数据主要来自于中国统计年鉴，少部分数据来自其他论文的研究结果，如各年龄段妇女生育率、固定资产等。

(2)对于部分缺失数据，运用数理统计方法进行估计，如回归分析法、取均值法、插值法等。

(3)根据变量间的逻辑关系确定参数值。如 GDP 与科技水平、人力资本和固定资产的关系等。

(4)通过运行模型并与实际数据进行比较分析，不断修正参数值，如相对于污染排放量人口死亡率变动趋势等。

5.4 模型检验

建立了系统模型之后，并不能立即进行仿真研究，而是先对模型进行检验。模型的检验是指验证模型的结构是否与实际相符以及模型的仿真结果是否与历史数据相近。模型的检验贯穿模型建立的全过程，在确定参数时，本身就是要将模型的运行结果与历史数据比较，并不断修正参数值，使模型的运行结果不断接近实际情况。常见的检验方法有有效性检验和灵敏性检验，有效性检验中最主要的是历史性检验，因此本书主要对模型进行历史性检验和灵敏性检验。

5.4.1 历史性检验

模型的历史性检验主要是检验模型的运行结果是否与历史数据相符。模型的模拟结果不可能与历史数据完全吻合，总会存在一定的偏差，只要偏差不大，都认为模型是符合实际情况的。本书选取了每个子系统的主要变量进行历史性检验，分析 2004—2014 年模型模拟数据与真实数据相对误差的绝对值，只要相对误差小于 10%，则说明模型有效。

1. 人口子系统历史性检验

在人口子系统中，主要对总人口和劳动力人口进行历史性检验，检验结果如表 5-14 所示。

表 5-14　总人口相对误差

年份	实际总人口(万人)	模拟总人口(万人)	相对误差(%)
2004 年	129 988	129 951	0. 03
2005 年	130 756	130 724	0. 02
2006 年	131 448	131 453	0. 00
2007 年	132 129	132 149	0. 02
2008 年	132 802	132 816	0. 01
2009 年	133 450	133 463	0. 01
2010 年	134 091	134 096	0. 00
2011 年	134 735	134 730	0. 00
2012 年	135 404	135 378	0. 02
2013 年	136 072	136 062	0. 01
2014 年	136 782	136 802	0. 01

通过上表可以看出模型模拟总人口与实际总人口的相对误差小于 1%，说明模型总人口的变化趋势与实际相符，总人口预测有效。经济活动人口相对误差如表 5-15 所示。

表 5-15　经济活动人口相对误差

年份	实际经济活动人口(万人)	模拟劳动力人口(万人)	相对误差(%)
2004 年	75 290	75 268. 5	0. 03
2005 年	76 120	76 076. 5	0. 06

续表

年份	实际经济活动人口(万人)	模拟劳动力人口(万人)	相对误差(%)
2006年	76 315	76 248.5	0.09
2007年	76 531	76 443.5	0.11
2008年	77 046	76 942.7	0.13
2009年	77 510	77 400.9	0.14
2010年	78 388	78 288.6	0.13
2011年	78 579	78 515.5	0.08
2012年	78 894	78 902.3	0.01
2013年	79 300	79 430.8	0.16
2014年	79 690	80 008.5	0.40

通过上表可以看出模型模拟劳动力人口与实际经济活动人口的相对误差小于1%，说明模型劳动力人口的变化趋势与实际相符，劳动力人口预测有效。

通过对总人口和劳动力人口的历史性检验结果可以看出，人口子系统符合历史发展趋势，模型有效。

2. 教育子系统历史性检验

在教育子系统中，主要选取变量大专及以上学历人口占比和高中学历人口占比进行历史性检验。检验结果如表5-16、5-17所示。

表5-16　大专及以上学历人口占比相对误差

年份	实际大专及以上学历人口占比	模拟大专及以上学历人口占比	相对误差(%)
2004年	0.058	0.058	0.00
2005年	0.056	0.061	8.93
2006年	0.062	0.065	4.84
2007年	0.066	0.07	6.06
2008年	0.067	0.073	8.96

续表

年份	实际大专及以上学历人口占比	模拟大专及以上学历人口占比	相对误差(%)
2009 年	0.073	0.08	9.59
2010 年	0.081	0.088	8.64
2011 年	0.101	0.096	4.95
2012 年	0.106	0.103	2.83
2013 年	0.113	0.11	2.65
2014 年	0.115	0.116	0.87

表 5-17　高中学历人口占比相对误差

年份	实际高中学历人口占比	模拟高中学历人口占比	相对误差(%)
2004 年	0.134	0.134	0.00
2005 年	0.124	0.135	8.87
2006 年	0.129	0.137	6.20
2007 年	0.134	0.14	4.48
2008 年	0.137	0.142	3.65
2009 年	0.138	0.145	5.07
2010 年	0.147	0.147	0.00
2011 年	0.149	0.149	0.00
2012 年	0.152	0.152	0.00
2013 年	0.154	0.153	0.65
2014 年	0.156	0.154	1.28

通过上表可以看出模型模拟大专及以上学历人口占比与实际大专及以上学历人口占比，以及模拟高中学历人口占比与实际高中学历人口占比的相对误差都小于 10%，说明各学历人口的变化趋势与实际相符，教育子系统符合历史发展趋势，模型有效。

3. 经济系统历史性检验

在经济子系统中主要选取 GDP 为检验对象，检验结果如表 5-18 所示。

表 5-18　GDP 相对误差

年份	实际 GDP	模拟 GDP	相对误差(%)
2004 年	161 840. 2	158 408	2. 12
2005 年	187 318. 9	193 948	3. 54
2006 年	219 438. 5	229 241	4. 47
2007 年	270 232. 3	266 417	1. 41
2008 年	319 515. 5	306 410	4. 10
2009 年	349 081. 4	357 593	2. 44
2010 年	413 030. 3	413 643	0. 15
2011 年	489 300. 6	472 503	3. 43
2012 年	540 367. 4	537 308	0. 57
2013 年	595 244. 4	593 830	0. 24
2014 年	643 974	656 940	2. 01

通过上表可以看出模型模拟 GDP 与实际 GDP 的相对误差都小于 5%，说明国内生产总值的变化趋势与实际相符，经济子系统符合历史发展趋势，模型有效。

4. 环境子系统历史检验

因环境子系统中没有历史数据进行对比，所以这里选取固废存量和最终污染总量的模拟数据进行展示，如表 5-19 所示。

表 5-19　模拟固废存量和最终污染总量

年份	模拟固废存量(万吨)	模拟最终污染总量(万吨)
2004 年	3 400	610 810
2005 年	3 541. 55	633 050
2006 年	3 718. 4	660 834
2007 年	3 930. 1	694 097

续表

年份	模拟固废存量(万吨)	模拟最终污染总量(万吨)
2008 年	4 178. 41	733 108
2009 年	4 465. 91	778 290
2010 年	4 803. 95	831 389
2011 年	5 196. 98	893 141
2012 年	5 647. 67	963 950
2013 年	6 161. 75	1 044 720
2014 年	6 734. 95	1 134 780

5. 资源子系统历史检验

在资源子系统中主要选取耕地面积为检验对象。因中国统计年鉴中关于耕地面积的划分在 2010 年发生变化，所以模型只考虑 2010 年以后的耕地面积，这里对 2010—2014 年间耕地面积进行历史性检验，检验结果如表 5-20 所示。

表 5-22　耕地面积相对误差

年份	实际耕地面积(千公顷)	模拟耕地面积(千公顷)	相对误差(%)
2010 年	135 256. 8	135 248	0. 000 065 061 4
2011 年	135 238. 565 9	135 205	0. 000 248 197 5
2012 年	135 158. 437 7	135 156	0. 000 018 036 2
2013 年	135 163. 372 1	135 101	0. 000 461 457 0
2014 年	135 057. 338 7	135 039	0. 000 135 784 6

通过上表可以看出模型模拟耕地面积与实际耕地面积的相对误差都小于 1%，说明耕地面积的变化趋势与实际相符，资源子系统符合历史发展趋势，模型有效。

5. 4. 2　灵敏性检验

灵敏性检验就是对模型的灵敏度进行分析，是检测模型中某个或多个参数发生变化时，会使模型的运行结果发生怎样的变化趋势，即灵敏性分析主要用于研究参数的变化对模型运行结果的影响程度。如果改变模型中的参数后，运行结果没有发生太大的改变，则说明模型对参数是不敏感的，即参数的改变不会引起模型较大的改变，对于不具有敏感性的参数，无须反复求证、推敲；如果增大或减小参数后，模型运行结果发生很大变化，则说明模型对参数是敏感，对于敏感性参数，需要反复调整，严格求证，直到符合实际情况。

本书分别选取人口子系统的参数 fr45～49，教育子系统的高中升学率和经济子系统的科技水平，环境子系统的固废处理投资比和资源子系统的再生利用率来进行灵敏性检测与分析。

将 fr45～49 由 0. 01 分别改变为 0. 1 和 0. 001 后，得到总人口变化曲线如图 5-10 所示。

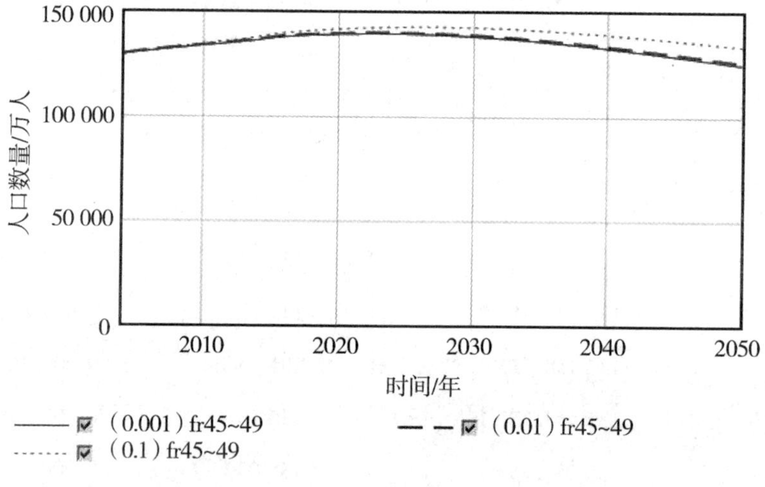

图 5-10　改变 fr45～49 后总人口变化趋势线

其中(0. 01)fr45～49 为原趋势线，(0. 1)fr45～49 为 fr45～49＝0. 1 时的趋势线，(0. 001)fr45～49 为 fr45～49＝0. 001 时的趋势线。可以看出当 45～49 年龄段的女性生育率在合理的范围内发生变化后，敏感性系数变化不大，模型输出值基本保持稳定。所以当 fr45～49 发生变化时，模型输出曲线不会出现大的波动。

将高中升学率由 0.6 变为 0.8 和 0.4 后，得到人均受教育年限的变化曲线如图 5-11 所示。

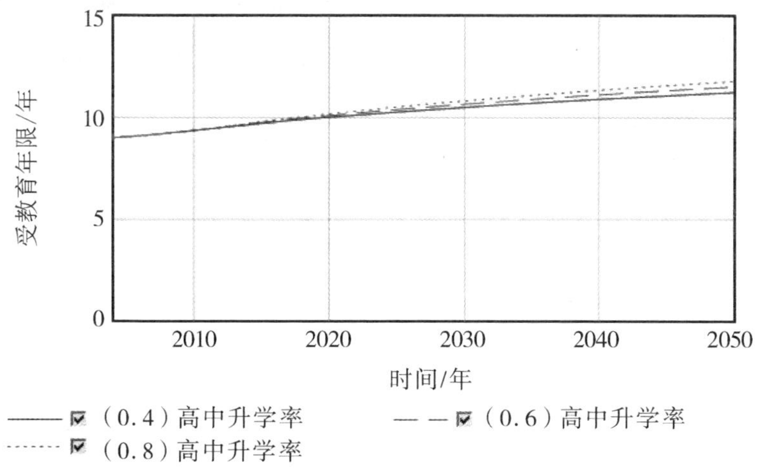

图 5-11　改变高中升学率后人均受教育年限变化趋势线

其中，(0.6)高中升学率为原趋势线，(0.8)高中升学率为高中升学率为 0.8 时的趋势线，(0.4)高中升学率为高中升学率为 0.4 时的趋势线。可以看出当高中升学率在合理的范围内发生变化后，敏感性系数变化不大，模型输出值基本保持稳定。所以当高中升学率发生变化时，模型输出曲线不会出现大的波动。

将科技水平由$e^{0.279}$变为$e^{0.259}$和$e^{0.299}$后，得到国内生产总值的变化曲线如图 5-12 所示。

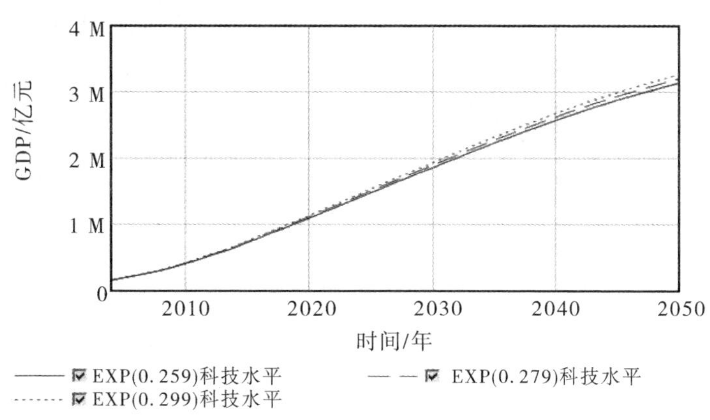

图 5-12　改变科技水平后 GDP 变化趋势线

其中，EXP(0.279)科技水平为原趋势线，EXP(0.299)科技水平为科技水平为$e^{0.299}$时的趋势线，EXP(0.259)科技水平为科技水平为$e^{0.259}$时的趋势线。可以看出当科技水平在合理的范围内发生变化后，敏感性系数变化不大，模型输出值基本保持稳定。所以当科技水平发生变化时，模型输出曲线不会出现大的波动。

将固废处理投资比由0.049 89分别变为0.059 89和0.039 89后，得到最重污染总量的变化曲线如图5-13所示。

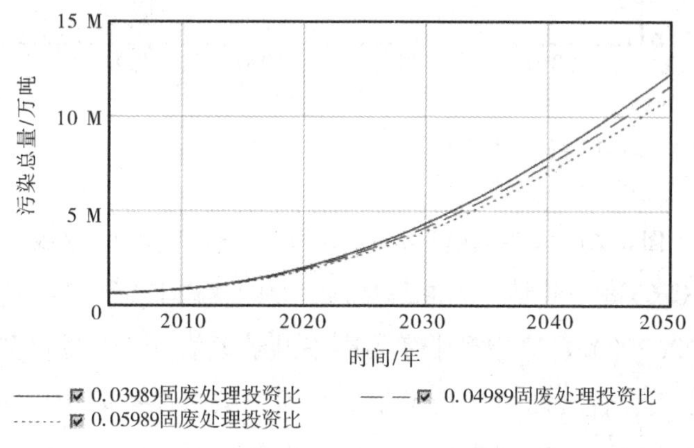

图5-13 改变固废处理投资比后最终污染总量变化趋势线

其中，0.049 89固废处理投资比为原趋势线，0.059 89固废处理投资比为增加固废处理投资比后的趋势线，0.039 89固废处理投资比为降低固废处理投资比后的趋势线。可以看出当环境投资比在合理的范围内发生变化后，敏感性系数变化不是太大，模型输出值基本保持稳定。所以当环境投资比发生变化时，模型输出曲线不会出现大的波动。

将再生利用率由0.78分别变为0.76和0.80后，得到水资源存量的变化曲线如图5-14所示。

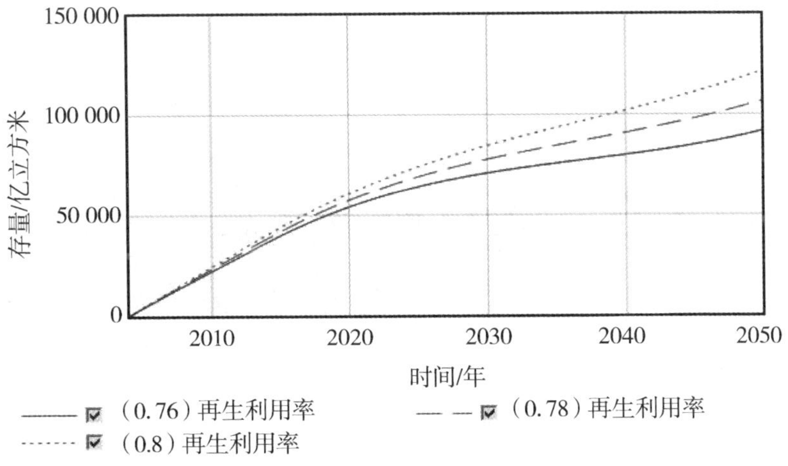

图 5-14　改变再生利用率后水资源存量变化趋势线

其中，(0. 78)再生利用率为原趋势线，(0. 8)再生利用率为再生利用率为 0. 8 时的趋势线，(0. 76)再生利用率为再生利用率为 0. 76 时的趋势线。可以看出当再生利用率在合理的范围内发生变化后，敏感性系数变化不是太大，模型输出值基本保持稳定。所以当再生利用率发生变化时，模型输出曲线不会出现大的波动。

经过上面的灵敏性分析发现，在合理的范围内，改变系统参数的大小后，模型的输出曲线趋势不变，振幅会发生较小的变化，说明模型行为的变化对系统参数是不敏感的，因此模型对参数的要求是不严格的，不需要反复求证。所以此模型对于参数在一定范围内的取值变化具有稳定性，适合进行后续的研究分析。

第6章　人口政策与教育经济发展仿真研究

6.1　仿真结果分析

在本社会系统中，主要研究人口政策与人口、教育、经济的影响，因此接下来分别给出人口子系统、教育子系统和经济子系统在2004—2050年间的仿真结果，并进行分析。其中，政策系数设置为1.5，表示我国现在的二孩政策。

6.1.1　人口子系统仿真结果分析

在人口子系统中，最能反映我国人口情况的变量就是儿童、成年人和老年人的数量以及劳动力人口和总人口。因此接下来选择这些变量的输出结果，并进行分析。

1. 三年龄段人口仿真结果

仿真结果如图6-1、图6-2所示，由图可知成年人总量在2004年到2011年之间是缓慢增长的，在2011年以后呈现逐渐减少的趋势。儿童数量在2004年到2013年之间呈下降趋势，在2013年到2020年下降幅度明显变小，是因为2013年取消了二孩生育限制，且2013年底单独两孩政策和2016年全面两孩政策的相继实施，但儿童人口数量在2020年以后的下降幅度越来越大，说明二孩政策的实施依然无法阻止儿童数量的减少。且老年人的数量一直在上涨，于2044年达到最大值31053万，说明我国老年化趋势越来越严重。由图6-1可知，无论是未来和过去，我国总人口中成年人占比依然是最大的。

2004 年儿童人口比老年人口多，但 2030 年以后老年人的数量会超过儿童人口数，且差距越来远大，并且将来成年人将会进入老年阶段，老年人占总人口的比例将会越来越大。所以可以看出，全面二孩政策并不能有效地阻止我国进入老龄化。

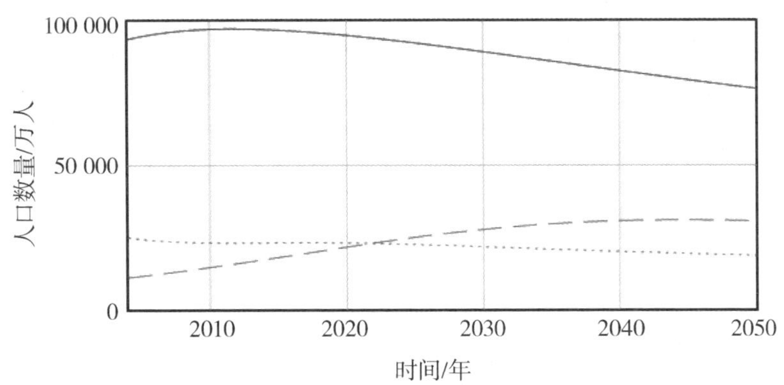

图 6-1　儿童、成年人和老年人数量变化趋势

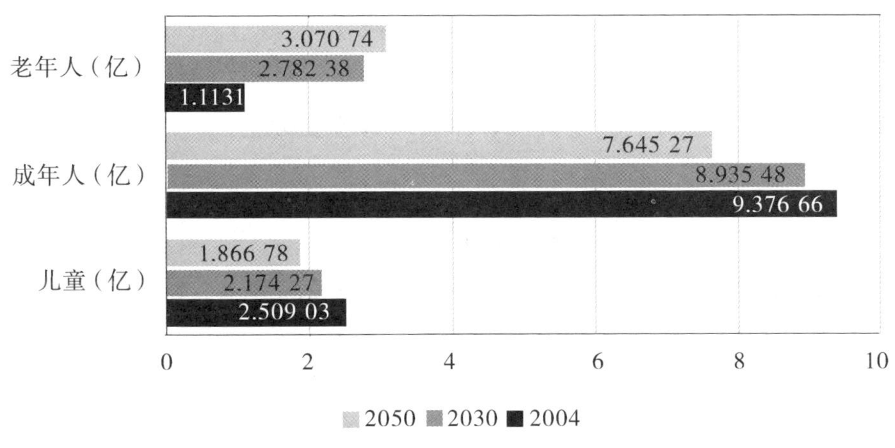

图 6-2　三年龄阶段人口数

2. *劳动力人口和总人口仿真结果*

如图 6-3 所示，劳动力人口和总人口都是先增加再减少，总人口在 2025

年达到峰值，2026 年开始下降，而劳动力人口则在 2024 年就开始下降。劳动力人口主要由成年人组成，成年人由儿童转化而来，并逐渐进入老年阶段。劳动力开始下降，进一步说明了老年人的增长速度是大于儿童的。由上面的分析可知，成年人占比是最大的，因此随着成年人口逐渐转化为老年人口，我国的劳动力人口将会持续减少，并且老龄化问题会越来越严重。不容忽视的是，虽然我国在 2016 年实施了全面二孩政策，依旧改变不了总人口和劳动力人口减少的趋势，其中，劳动力人口作为经济发展的主要动力，其数量的下降需要引起高度的重视。

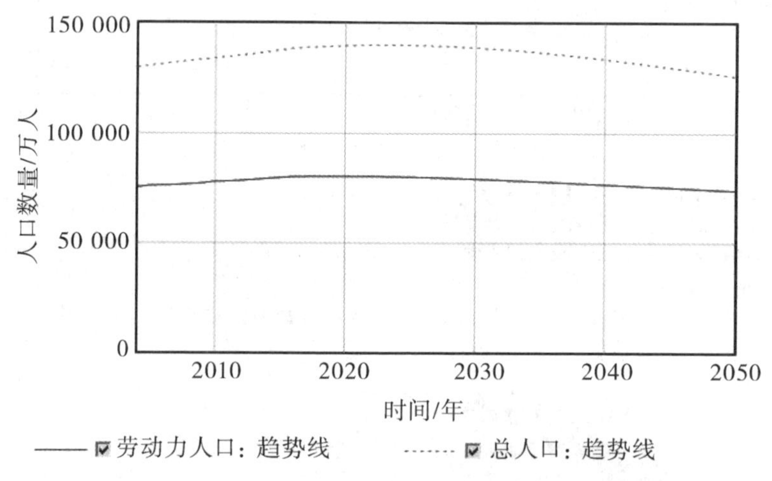

图 6-3　劳动力人口和总人口数量变化趋势

6.1.2　教育子系统仿真结果分析

在教育子系统中，最能反映我国教育情况的变量就是各阶段学历所占比例和人均受教育年限。因此接下来选择学前教育比例、小学学历人口占比、初中学历人口占比、高中学历人口占比、大专及以上学历人口占比和人均受教育年限这些变量的输出结果，并进行分析。

1. 各学历人口占比仿真结果

由图 6-4 可知，我国学前教育学历人口占比、小学学历人口占比以及初中学人口占比都在不断减小，高中学历人口占比和大专及以上人口占比在不断增长，2050 年时，大专及以上学历人口在各学历中占比最大，说明我国整体受教育水平在不断提高。

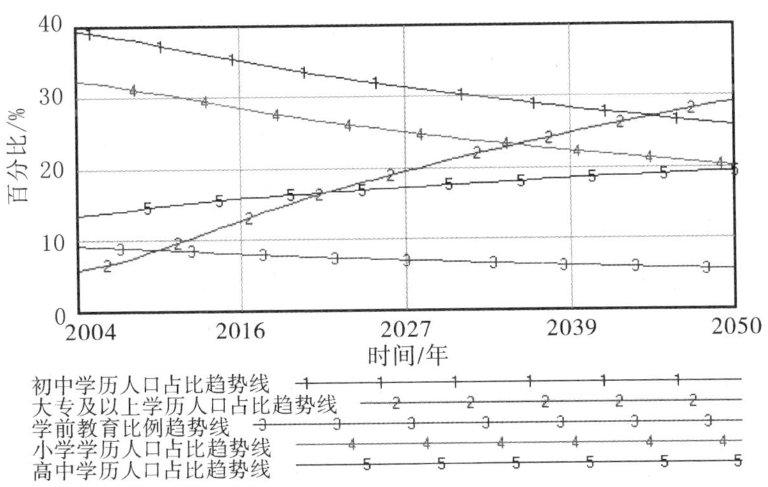

图 6-4　各学历人口占比变化趋势

如图 6-5 所示，在 2004 年，高中学历人口占比 13%，大专及以上学历人口占比 6%，而小学学历人口占比为 32%。在 2050 年，高中学历人口占比增长到了 19%，大专及以上学历人口占比增长到了 29%，而小学学历人口占比下降到 20%。可以看出，大专及以上学历的人口将会越来越多，我国人口的受教育程度在不断地增加，人们越来越看重孩子的教育问题。

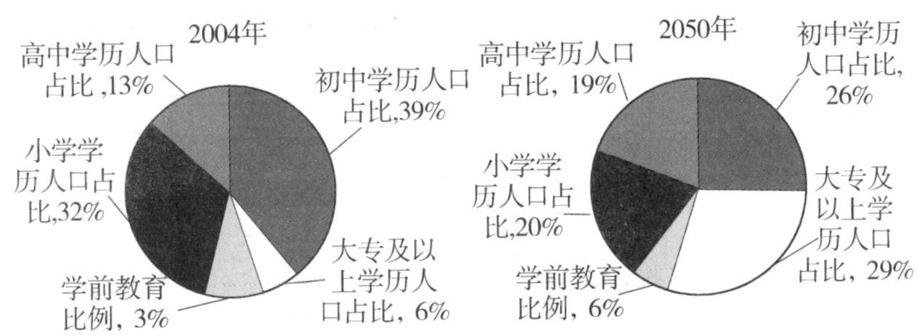

图 6-5　各学历人口占比

2. 人均受教育年限仿真结果

由图6-6可知，我国人均受教育年限在不断地增长，但增长速度比较缓慢。人均受教育年限由2004年的9年增长到2050年的11.5年。教育部声明，2020年，我国劳动年龄人口平均受教育年限达到10.8年，而新增劳动力平均受教育年限人均达到13.8年，受教育水平已经达到了高等教育水平，但存量劳动力受教育年限比较低，因此平均受教育水平也会较低。在“十四五”末期，我国的目标是，于2025年，把劳动力人口的平均受教育年限提高至11.3年，即人均受教育水平达到高二级以上的教育程度，因本书考虑的是总人口的人均受教育年限，因此会比劳动力人口的平均受教育年限低1年左右，本模型模拟的2025年的人均受教育年限为10.39年，说明2025年我国人均受教育水平能达到基本目标要求。虽然，我国人民未来的整体受教育水平将会不断提高，但就目前我国的受教育水平来看，和其他发达国家相比，还是有较大差距的，因此需要进一步的提高。

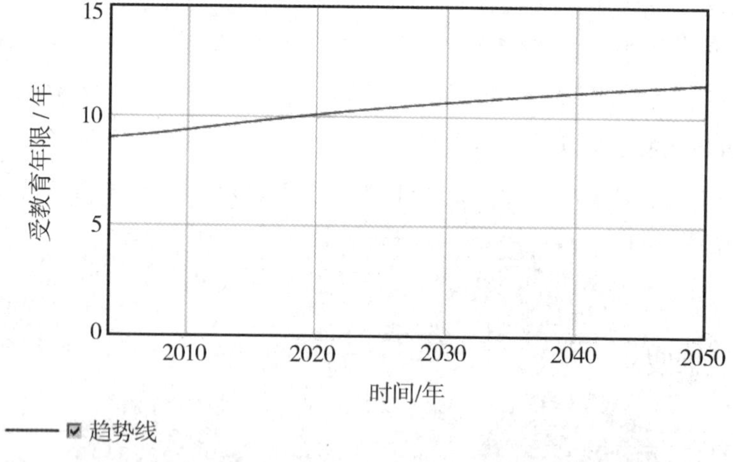

图6-6 人均受教育年限变化趋势

6.1.3 经济子系统仿真结果分析

在经济子系统中，最能反映我国经济发展状况的变量就是国内生产总值、净国内生产总值以及人均GDP。因此接下来选择这些变量的输出结果，并进行分析。本书整理了GDP、净国内生产总值、人均GDP和GDP增长率的变化趋势图以及 2004—2050 年间 GDP 的仿真数据和 GDP 增长率，如图 6-7、图 6-8 及表 6-1 所示。

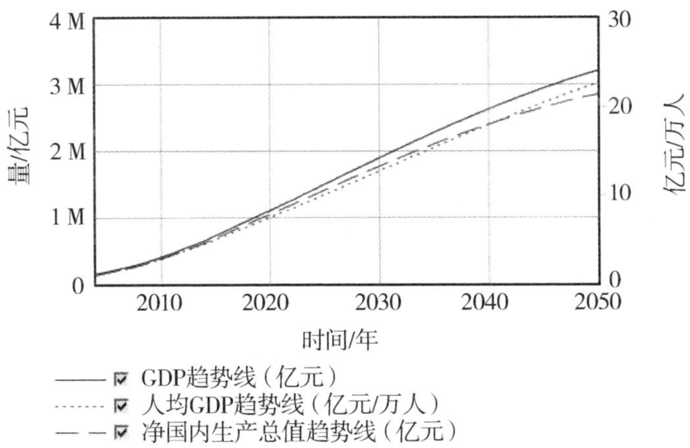

图 6-7　经济子系统仿真结果

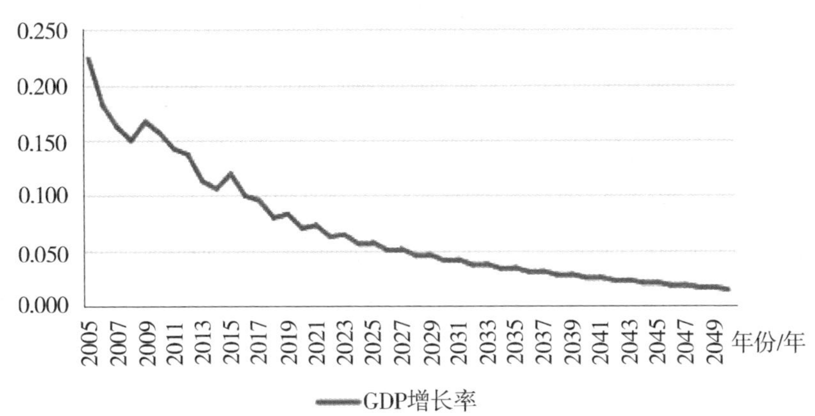

图 6-8　GDP 增长率变化曲线

表 6-1　GDP 仿真数据

年份	GDP	GDP 增长率	年份	GDP	GDP 增长率
2004	157 388		2028	1 742 440	0. 046
2005	192 667	0. 224	2029	1 823 780	0. 047
2006	227 698	0. 182	2030	1 898 980	0. 041

续表

年份	GDP	GDP 增长率	年份	GDP	GDP 增长率
2007	264 593	0. 162	2031	1 979 070	0. 042
2008	304 282	0. 150	2032	2 053 060	0. 037
2009	355 069	0. 167	2033	2 131 500	0. 038
2010	410 686	0. 157	2034	2 203 850	0. 034
2011	469 092	0. 142	2035	2 280 250	0. 035
2012	533 401	0. 137	2036	2 350 570	0. 031
2013	593 830	0. 113	2037	2 424 560	0. 031
2014	656 940	0. 106	2038	2 492 470	0. 028
2015	735 698	0. 120	2039	2 563 700	0. 029
2016	809 231	0. 100	2040	2 628 860	0. 025
2017	886 772	0. 096	2041	2 697 010	0. 026
2018	957 874	0. 080	2042	2 759 080	0. 023
2019	1 037 710	0. 083	2043	2 823 820	0. 023
2020	1 111 180	0. 071	2044	2 882 490	0. 021
2021	1 192 530	0. 073	2045	2 943 530	0. 021
2022	1 267 580	0. 063	2046	2 998 480	0. 019
2023	1 349 760	0. 065	2047	3 055 510	0. 019
2024	1 425 710	0. 056	2048	3 106 440	0. 017
2025	1 508 130	0. 058	2049	3 159 200	0. 017
2026	1 584 350	0. 051	2050	3 205 850	0. 015
2027	1 666 480	0. 052	—	—	—

由上图和数据可知，虽然我国经济一直处于增长的状态，但经济增长速度却在下降，GDP 增长率总体呈下降趋势，并且于 2050 年，我国 GDP 增长率预计下降到 1. 5%。由于净国内生产总值是国内生产总值减去环境污染带来的经济损失的结果，因此可以用国内生产总值与净国内生产总值之间的差距

来衡量我国经济发展与环境保护的平衡度，由上图可以看出，两者之间的差距逐渐增大，表明我国经济的发展并没有很好地与环境保护相协调，而是以牺牲环境为代价的经济发展。如果只专注于经济建设，而忽视环境治理，并不能得到经济的持续稳定发展，因此需要进一步加强对环境的保护，并与经济发展相协调，坚持经济的可持续、健康发展。

6.2　仿真模拟实验

6.2.1　仿真方案

在系统仿真研究方面，目前主要有两种方式。第一种是同时调整多个子系统的变量，并分析不同的组合方式的仿真结果；第二种是只讨论单一子系统变量的变化所带来的模型输出结果的改变。本书将结合两种方法进行仿真方案设计。

因本书主要研究人口、教育和经济的发展，因此这里选取的研究变量为政策系数、初中升学率和高中升学率，先讨论不同政策系数下，人口、教育和经济的发展状况，然后研究在不同政策系数下，改变初中升学率和高中升学率，对人口、教育和经济的影响。

虽然完全二孩政策已实施多年，但我国的总和生育率一直处在更替水平以下，就算加大二孩政策的执行力度，也并不能保证二孩家庭的普及，因此我国的低生育率一直是一个待解决的问题。如今，我国人口新增速度较慢，老龄人口不断增长，已有很多专家都建议开放三孩政策，不然我国少子化和老龄化问题将会日益加剧。虽然目前我国三孩政策并没开放，但继续实施宽松的生育政策势在必行。所以接下来将比较三孩政策、二孩政策和计划生育的模拟情况。

虽然在 2016 年实施完全二孩政策，但由于人们的生活水平不断提高，思想观念也发生了改变，并且我国的发展不平衡状况，导致贫富差距偏大，贫困家庭因没有能力抚养两个及以上的孩子，因此并不能保证每个家庭都会生育两个孩子，因此本模型的起始政策系数设置为 1.5，即实际二孩政策。这里将政策系数分别降低为 1 和提高至 2 和 2.5，即改变我国妇女的生育水平，然后研究我国人口、教育和经济的变化。其中下降至 1 表示我国一直执行计划生育，为了更全面分析人口政策对我国人口、教育和经济的影响，因此也对计划生育政策进行了仿真模拟，并作为对照试验；升高至2表示我国进一步加强二孩政策的执行力度，并已经完全达到了二孩政策的目的，即理想二孩政策；和二孩政策一样，三孩开放后，并不能保证三孩家庭的覆盖率，因此这里将三孩政策的政策系数设置为2.5。

在Vensim中，以2004年为起始时间，模拟至2050年，模拟步长设置为1年，通过仿真，得到各方案的模型输出结果。

1. 改变现有政策，分别实施计划生育政策、理想二孩政策和三孩政策

我国目前正在执行全面二孩政策，即上面提到的实际二孩政策。接下来将会模拟执行计划生育政策、理想二孩政策和三孩政策下的情况，并分析不同政策下总人口、劳动力人口、儿童人口、成年人、老年人、人均受教育年限、各学历阶段人口数、GDP和人均GDP的发展变化，来分析我国人口政策的影响。

(1)劳动力人口和总人口仿真实验。

通过下图的仿真结果可以看出，相较于实际二孩政策，处于理想二孩政策和三孩政策下的总人口和劳动力人口数都会有所增加，而处于计划生育政策下的总人口数和劳动力人口会有所减少，并且三孩政策下，我国人口增加的幅度越大。由趋势图可知，理想二孩政策能有效改变我国总人口和劳动力人口的下降趋势，但总人口和劳动力人口的增长率却在逐渐下降。而三孩政策下，总人口和劳动力人口在增加的同时，增长速率也在不断增加。说明短期内，理想二孩政策能够达到控制劳动力人口和总人口稳定发展的效果，但就长期而言，理想二孩政策依然无法阻止我国劳动力人口和总人口下降，只有三孩政策能使我国总人口和劳动力人口长期持续发展，并能保持为我国经济社会提供足够劳动力的可持续状态。由图6-9可知，当保持现有政策不变时，2050年我国的总人口约为12.5亿，劳动力人口数约为7.3亿；当一直执行计划生育政策时，2050年我国的总人口数约为9.9亿，比原有政策下降了2.6亿，劳动力人口数为5.8亿，下降了1.6亿；当执行理想二孩政策时，2050年我国的总人口约为13.9亿，比原有政策上升了1.4亿，劳动力人口数为7.9亿，上升了约0.6亿；当执行三孩政策时，2050年我国的总人口数为

15.5 亿，比原有政策增加了 3 亿，劳动力人口数为 8.6 亿，增加了约 1.3 亿。从而可以看出，为了稳定劳动力人口数，在当前发展阶段，我国应该放开生育限制政策，鼓励优生优育，进一步提高我国的生育率。

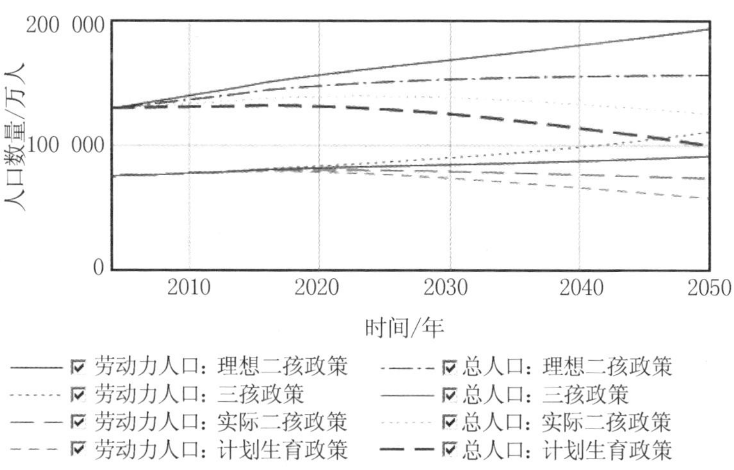

图 6-9　不同生育政策下劳动力人口和总人口仿真实验

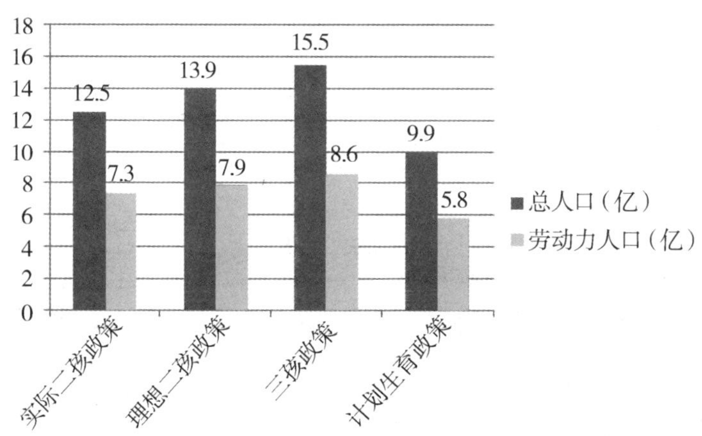

图 6-10　2050 年不同生育政策下劳动力人口和总人口数

(2)各年龄段人口仿真实验。

如图 6-11 所示，当保持现有二孩政策的执行力度时，我国成年人和儿童人口数量在将来都会逐渐减少，而老年人却会逐渐增加；当一直执行计划生育时，成年人和儿童的数量一直在下降，且下降的速度越来越大。当执行理想二孩政策时，儿童人口和成年人口数在未来几十年比较稳定；当执行三孩政策时，儿童人口数和成年人口数一直缓慢增加。所有政策下，成年人所占比重最大，老年人都是呈增长趋势，且相差不大，可以看出，生育政策对未来几十年的老年人数量影响不大。相较于实际二孩政策，执行计划生育政策时，成年人和儿童的数量都有所减少；执行理想二孩政策和三孩政策时，成年人和儿童人口会明显增加，其中成年人的变化幅度最大。从图 6-11 可以看出，加强二孩政策的执行力度虽然可以有效增加儿童数量，但儿童的增长速度慢，并且逐渐减小，到 2050 年，增长率下降到了 0.0026。这就说明二孩政策达到最佳效果的情况下，依然无法阻止我国未来新生人口减少的趋势，但执行三孩政策不仅可以增加成年人和儿童的数量，并且还可以有效改变我国成年人和儿童人口下降的趋势。可见，三孩政策能有效增加儿童和成年人口占比。

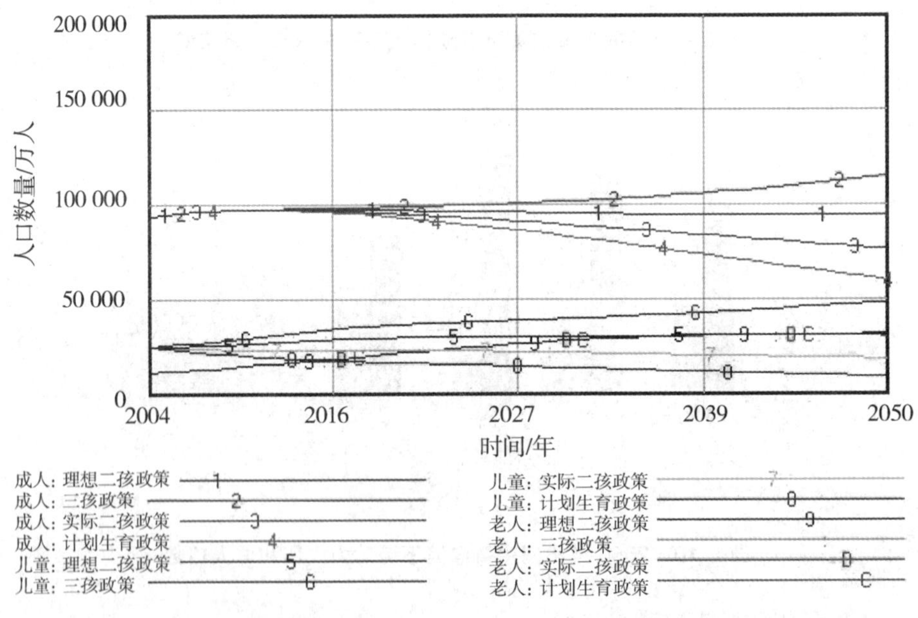

图 6-11　不同生育政策下各年龄段人口仿真实验

计算得到三孩政策 2023 年到 2050 年的儿童人口和老年人口的增长率，如图 6-12 所示。在三孩政策下，我国儿童数量将会持续增长，而老年人会于

2045 年开始下降，并且儿童人口数将会于 2023 超越老年人人口数，此外，儿童人口的增长率一直高于老年人口。由此可见，三孩政策的实施能够有效地解决我国老龄化和少子化问题。

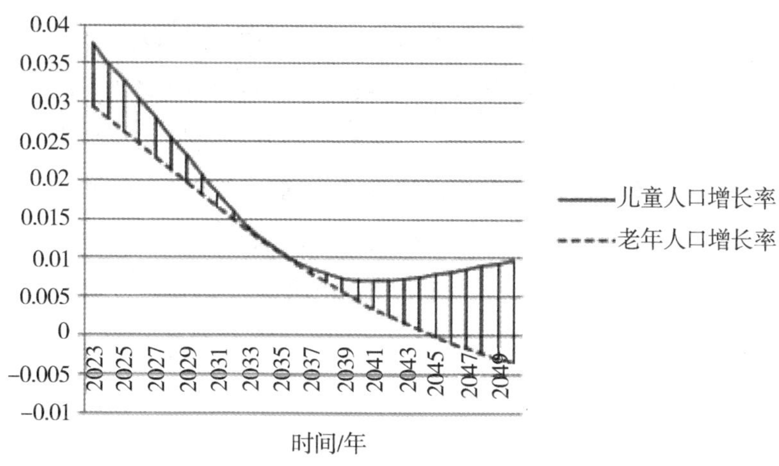

图 6-12 三孩政策下我国儿童和老年人数量和增长率变化趋势

(3)受教育情况仿真实验。

由图 6-13 的仿真结果可知，提高生育率能提高人均受教育年限，反之，降低生育率也降低了人均受教育年限。

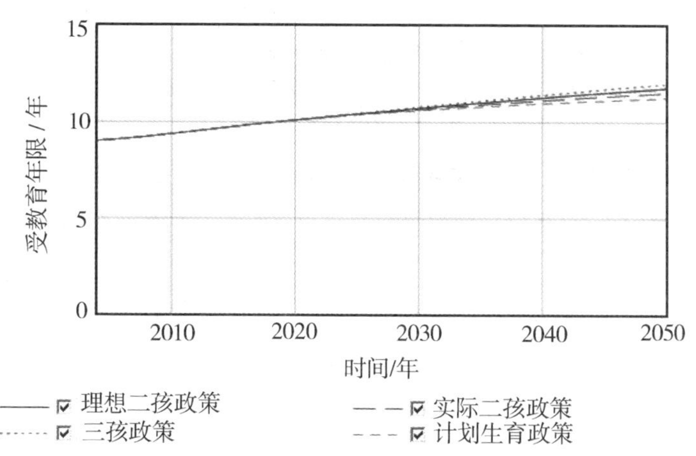

图 6-13 不同生育政策下人均受教育年限仿真实验

图 6-14 展示了 2050 年各生育政策下，各学历阶段人口占比仿真数据，根据柱状图可知，生育水平提高时，高中及以上学历人口占比会增加，而初中及以下学历人口占比会减小，从侧面展示了生育率的提高能进一步影响到人们的受教育水平。图 6-14 表明，改变生育政策时，不会改变各学历水平人口变化趋势，但能改变增长和减少速率，其中对大专及以上学历人口数的增长速率影响最大。当提高生育率时，劳动力人口会相应增加，从而提高了人力资本，进一步促进了经济的发展，而经济的发展会加大对教育的投入，因而进一步促进了教育事业的发展，提高了我国人均受教育年限。因此，在理想二孩政策和三孩政策下，都能提高人均学历水平，有利于增强我国的国民综合素质。但由图 6-15 可知，生育水平虽然能间接地影响到人们的受教育水平，但改变生育政策对我国人均受教育年限的影响不会太大。因此，还需要通过专门的方法手段，进一步提高人均受教育年限。

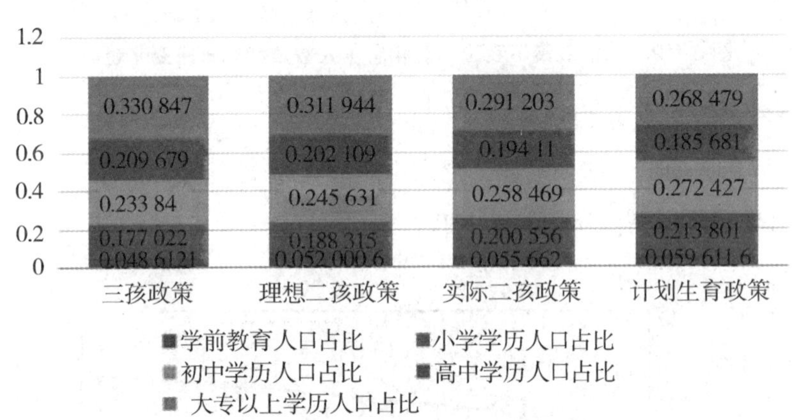

图 6-14　2050 年不同生育政策下各学历阶段人口占比

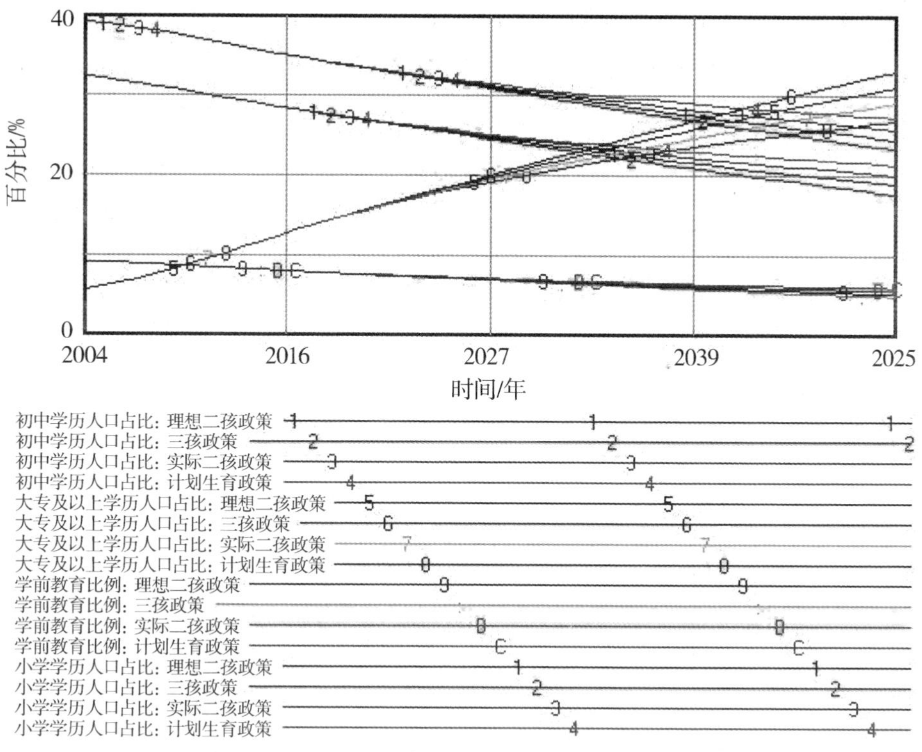

图 6-15　不同生育政策下各学历人口仿真实验

如今，我国的人口红利正在逐渐消失，社会经济的发展受到了一定影响，人力资本成了促进我国经济发展的关键因素。影响人力资本的关键因素是劳动力质量，而提高劳动力质量的主要方法是教育。因此为了维持我国经济持续稳定的增长，应当加大教育的投资力度，不断增加我国的人力资源。

(4) GDP 和人均 GDP 仿真实验。

通过图 6-16、图 6-17 的仿真结果可以看出，相较于实际二孩政策，在理想二孩政策和三孩政策下，都能增加我国的 GDP，而在计划生育政策下，会使我国的 GDP 减少。当保持原有政策时，我国 2050 年的 GDP 约为 3 290 110亿元；相比于实际二孩政策，当一直执行计划生育时，GDP 于 2050 年下降了约42 030亿；当执行理想二孩政策时，2050 年的 GDP 增加了约 42 130亿；当执行三孩政策时，2050 年的 GDP 增加了约84 260亿。而人均 GDP 的变化则正好相反，在理想二孩政策和三孩政策下，人均 GDP 会比实际二孩政策下的要低，当一直执行计划生育时，人均 GDP 反而增加。由此结果可以看出只增加生育率对人口的增加程度高于对经济的增加程度，也就是说，在增加的人口中，只有少部分是对经济有促进作用的，这里可以认为是拥有高学历的劳动力人口，因此可以看出，不仅要增加我国的人口数，还要保证人们对经济的贡献量。综上，在理想二孩政策和三孩政策下，能促进 GDP 的增长，但反而会使人均 GDP 减小，那么要提高我国的人均 GDP，不仅要增加我国的劳动力人口，而且要提高每个劳动力的劳动质量，即提高人们的受教育水平，为建设社会提供更多的动力。

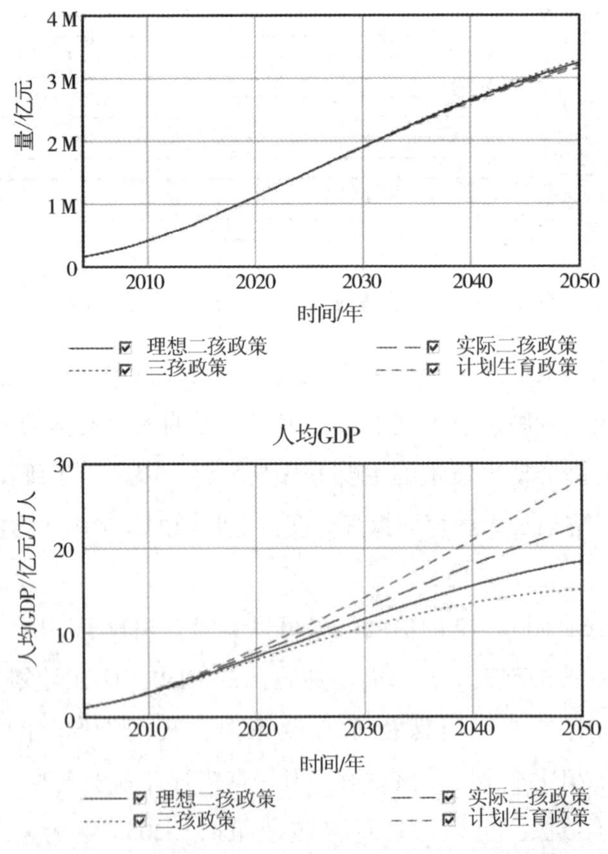

图 6-16　不同政策系数下 GDP 和人均 GDP 仿真实验

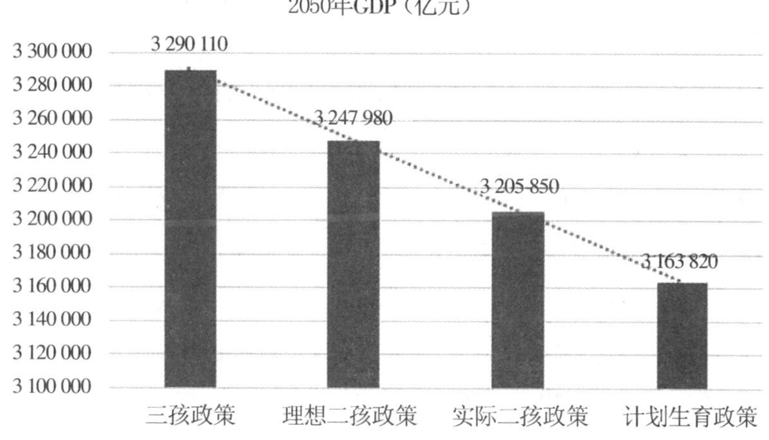

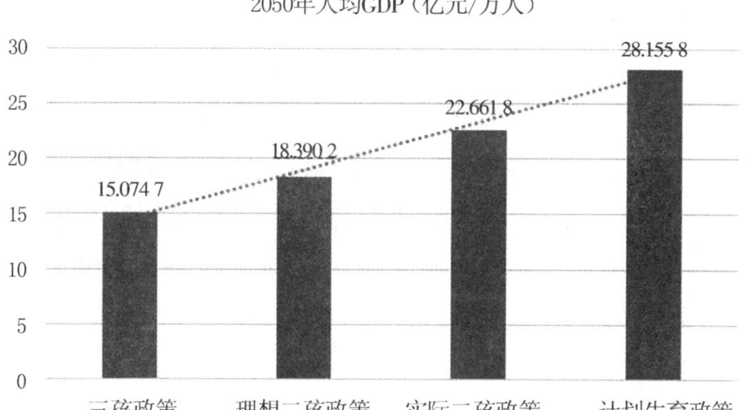

图 6-17 2050 年不同政策系数下的 GDP 和人均 GDP 仿真数据

综上，从计划生育向二孩政策的转变是我国必然的选择，并且就目前我国状况看来，三孩政策的实施也将成为必然。全面开放二孩政策实施是维持我国人口数量和结构的重要举措。根据我国国务院印发的国家人口发展规划（2016 年—2030 年），我国 2030 年的总人口目标是达到 14. 5 亿人左右，那么在上面的仿真实验中，保持现有政策不变的情况下预测的我国 2030 年的总人口数约为 13. 8 亿人口，离目标还有一定距离，如果加强二孩政策的执行力度，充分发挥其作用，那么我国 2030 年总人口将达到 15. 3 亿，超出了预期目标。但目前看来，我国的二孩政策并没有充分发挥作用，如果进一步加强二孩政策的执行力度，那么我国未来的人口数量和结构将会有所改善，经济也会有所增长。

不过，我国如今的老龄化和少子化问题严重，通过上面的实验可知，在理想二孩政策下，即二孩政策完全发挥作用的情况下，还是无法改变我国未来儿童和劳动力人口下降的趋势。而三孩政策的实施能改变这种状况，并有效阻止老龄化和少子化的进一步恶化。虽然三孩政策能进一步增加我国 GDP，但人均 GDP 却有所减少，说明只改变我国人口政策，提高生育率，而不加大教育事业的投资力度，我国经济发展会受到一定的影响。所以接下来，将会考虑教育因素和人口政策共同对经济的影响。

2. 提高初中升学率至 0.9 和高中升学率为 0.8

通过上面的分析可知，执行理想二孩政策和三孩政策能增加我国的人口数量和国民生产总值，但会使人均 GDP 这一衡量我国经济发展状况的关键指标有所下降。因此，可以认为只提高生育率并不能使经济全面发展。除了生育率外，人们的文化水平和劳动力质量对经济的增长也起着非常重要的作用。因此，下面将会分析提高生育率的同时提高升学率对经济的影响。

在本书中，初中升学率指由初中升学至高中的比率，高中升学率指由高中升学至大专及以上的比率。原始的初中升学率为 0.82，高中升学率为 0.6。这里将结合政策系数，分别讨论政策系数为 1.5，2.0 和 2.5 的情况下，提高初中升学率和高中升学率所带来的影响。

由以上分析可知，经济与生育水平和受教育程度有关，为了研究不同生育政策下，提高初中升学率和高中升学率对经济的影响，设计方案如表 6-2。

表 6-2 设计方案

方案	政策系数	初中升学率	高中升学率
方案一	2.5	0.82	0.6
方案二	2.5	0.9	0.8
方案三	2.0	0.82	0.6
方案四	2.0	0.9	0.8
方案五	1.5	0.82	0.6
方案六	1.5	0.9	0.8

方案一表示在三孩政策的情况下升学率不变，方案二表示在三孩政策的情况下提高升学率，方案三表示在理想二孩政策的情况下升学率不变，方案四表示在理想二孩政策的情况下提高升学率，方案五表示在实际二孩政策的情况下升学率不变，方案六表示在实际二孩政策的情况下提高升学率。运行各方案模型，分别获取各方案的 GDP 与人均 GDP 数据，由前面的研究可知，我国 GDP 与人均 GDP 一直处于增长状态，所以分别计算各方案的 GDP 和人均 GDP 的增长率，因数据量较大，这里只选取 2015—2050 年的 GDP 增长率进行展示，如表 6-3 所示。

表 6-3　六种设计方案下 GDP 增长率(%)

年份	方案一	方案二	方案三	方案四	方案五	方案六
2015	12.001	12.009	11.995	12.003	11.989	11.997
2016	10.011	10.020	10.003	10.012	9.995	10.004
2017	9.602	9.611	9.592	9.601	9.582	9.591
2018	8.041	8.051	8.030	8.039	8.018	8.028
2019	8.362	8.371	8.348	8.358	8.335	8.344
2020	7.111	7.122	7.096	7.106	7.080	7.090
2021	7.357	7.366	7.338	7.349	7.321	7.332
2022	6.333	6.344	6.313	6.323	6.293	6.304
2023	6.527	6.537	6.506	6.516	6.483	6.494
2024	5.674	5.684	5.650	5.660	5.627	5.636
2025	5.832	5.844	5.807	5.818	5.781	5.791
2026	5.110	5.120	5.082	5.092	5.054	5.064
2027	5.242	5.253	5.214	5.224	5.184	5.193
2028	4.621	4.631	4.590	4.600	4.558	4.568
2029	4.734	4.745	4.701	4.711	4.668	4.677
2030	4.193	4.203	4.158	4.169	4.123	4.133
2031	4.291	4.301	4.255	4.264	4.218	4.227

续表

年份	方案一	方案二	方案三	方案四	方案五	方案六
2032	3.814	3.825	3.777	3.786	3.739	3.747
2033	3.900	3.911	3.861	3.870	3.821	3.830
2034	3.477	3.487	3.436	3.445	3.394	3.403
2035	3.552	3.562	3.510	3.519	3.467	3.475
2036	3.172	3.182	3.128	3.137	3.084	3.092
2037	3.239	3.249	3.194	3.203	3.148	3.156
2038	2.895	2.905	2.848	2.857	2.801	2.809
2039	2.955	2.965	2.907	2.916	2.858	2.865
2040	2.641	2.651	2.592	2.601	2.542	2.549
2041	2.694	2.704	2.644	2.653	2.592	2.599
2042	2.407	2.416	2.354	2.363	2.301	2.309
2043	2.454	2.464	2.401	2.409	2.346	2.353
2044	2.188	2.198	2.133	2.142	2.078	2.085
2045	2.230	2.240	2.174	2.182	2.118	2.124
2046	1.982	1.992	1.925	1.933	1.867	1.874
2047	2.019	2.029	1.961	1.969	1.902	1.909
2048	1.787	1.796	1.727	1.735	1.667	1.673
2049	1.821	1.830	1.760	1.768	1.698	1.705
2050	1.601	1.610	1.539	1.547	1.477	1.483

为了更明显地看出不同生育政策下，提高升学率带来的经济收益，这里将方案二与方案一的数据作差，方案四与方案三的数据作差，方案六与方案五数据作差，并绘制折线图，如图 6-18 所示。

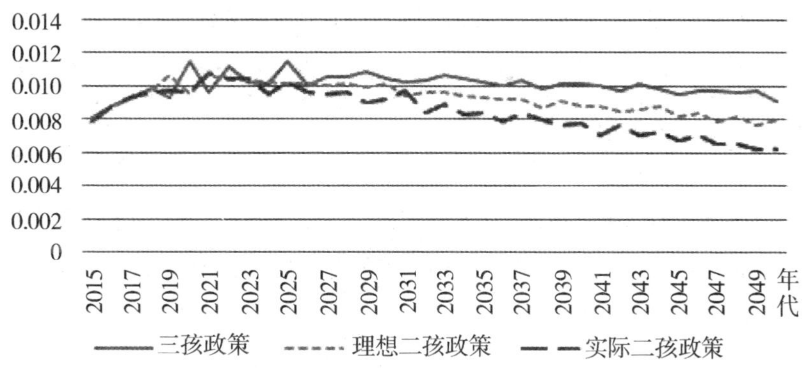

图 6-18　不同生育政策提高升学率带来的 GDP 增长率增加程度趋势线

同样，得到不同生育政策下提高升学率带来的人均 GDP 增长率增加程度趋势线如图 6-19 所示。

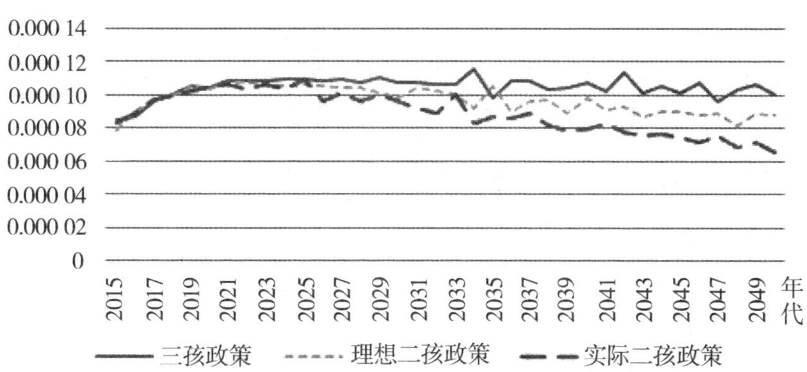

图 6-19　不同生育政策下提高升学率带来的人均 GDP 增长率增加程度趋势线

由上图可知，无论是 GDP 还是人均 GDP，在三孩政策下的曲线明显高于理想二孩政策下的曲线，而在理想二孩政策下的曲线明显高于实际二孩政策下的曲线，并且差距越来越大，即在三孩政策的情况下，增加升学率，GDP 和人均 GDP 增长率的增长量都会大于理想二孩政策和实际二孩政策的情况。因此可以看出，提高生育率的同时，增加升学率，即提高人们的受教育程度，带来的经济收益更大。

6.2.2　仿真结果综述

在仿真实验中，本书主要选取了 2004—2050 年期间，人口子系统的三个年龄阶段人口、总人口和劳动力人口；教育子系统的各学历人口占比、人均受教育年限；经济子系统的 GDP、人均 GDP 以及净国内生产总值，并分析这些指标的仿真结果，得出如下结论。

(1)成年人总量在 2004 年到 2011 年之间缓慢增长，在 2011 年以后开始下降。儿童数量在 2004 年到 2013 年之间呈下降趋势，在 2013 年到 2020 年下降幅度明显变小，2020 年以后的下降幅度逐渐增大。老年人的数量则一直在上涨，预计在 2044 年达到最大。

(2)劳动力人口和总人口都是先增加，后减少，总人口在 2026 年达到最大值，而劳动力人口则在 2024 年就开始下降。

(3)学前教育学历人口占比、小学学历人口占比以及初中学历人口占比都在不断减小，高中学历人口占比和大专及以上学历人口占比在不断增长，2050 年时，大专及以上学历人口在各学历中占比最大。且人均受教育年限不断增大。

(4)GDP、人均 GDP 以及净国内生产总值一直处于增长的状态，但增长速度逐渐下降。

在得到仿真结果后，为了进一步分析人口政策对人口、教育和经济的影响，并将政策系数下调至 1 和上调至 2 和 2.5，分析计划生育、实际二孩政策、理想二孩政策和三孩政策四种生育政策下总人口、劳动力人口、儿童人口、成年人、老年人、人均受教育年限、各学历阶段人口数、GDP 和人均 GDP 的发展变化，得出如下结论。

(1)相比实际二孩政策，在理想二孩政策和三孩政策的情况下，总人口、劳动力人口都会增加，但只有实施三孩政策才能真正保证我国劳动力人口稳定持续增长。在计划生育政策下，总人口、劳动力人口都会减少。

(2)相较于实际二孩政策，在理想二孩政策和三孩政策下，三个年龄阶段人口都会有所增加，其中，成年人和儿童增加的更明显，老年人的变化幅度很小，并且执行三孩政策不仅可以增加成年人和儿童的数量，还可以有效改变我国成年人和儿童人口下降的趋势；当执行计划生育政策时，成年和儿童减少得更加明显，老年人没有太大的变化。

(3)相较于实际二孩政策，理想二孩政策和三孩政策能提高人均受教育年限和各学历阶段人口数。同时，执行计划生育政策也会使人均受教育年限和各学历阶段人口数减少。

(4)相较于实际二孩政策，在理想二孩政策和三孩政策下，GDP 会增加，但人均 GDP 会逐渐减少；执行计划生育政策时，GDP 会下降，人均 GDP 会增加。

经过上面的对比实验可以看出，三孩政策和理想二孩政策能提高生育水平能增加儿童和劳动力人口的数量，有利于我国人口的发展。但理想状态下的二孩政策只能暂时缓解我国的人口危机，依旧不能解决我国人口问题，而三孩政策能有效改变儿童和劳动力人口下降的趋势，更好地控制我国人口结构和数量不断向好发展。在实施三孩政策来控制人口数量和结构的同时，还得加大对我国教育事业的投入，进一步提升我国人们的综合素质和劳动力质量，这样就能更好地控制新生人口质量，更有利于我国社会经济健康稳定地发展。因此本书又进一步讨论了政策系数提高后，增加升学率给经济带来的影响，并设计了六个实验方案进行对比实验。通过分析六种方案下，GDP 与人均 GDP 的增长率变化情况，得出了最终结论，即同时提高政策系数和升学率时，经济增长速度最快。

6.3　小结

虽然本书主要研究政策与人口、教育和经济的发展关系，但考虑到社会系统是一个庞大、复杂的系统，其中的各种因素之间都是相互影响的，因此本书建立了一个包括人口子系统、教育子系统、经济子系统、环境子系统和资源子系统的社会系统，各个系统之间通过变量相互影响。其中人口子系统和教育子系统分别从人口和教育的结构出发，将子系统分为各个阶段，并建立了各阶段的动态转化关系。经济子系统主要应用了 C-D 生产函数，建立了经济与人力资本、固定资产和科技水平的关系。环境子系统主要考虑了固废、废气和废水的存量情况。资源子系统则主要考虑了耕地面积和水资源存量情况。对建立的模型运用系统动力学方法进行仿真分析，得出的主要结论如下。

(1)按照目前的生育水平，我国的总人口和劳动力人口呈现增长后下降的趋势，总人口预计在 2026 年达到最大值，而劳动力人口则预计在 2023 年达到最大值。

(2)成年人和儿童数量呈下降趋势，老年人口数呈上升趋势。我国新增人口不断减少，老年人越来越多，老龄化问题将会越来越严重。

(3)按照我国目前的生育水平和教育水平，未来人们的受教育水平将会不断提升，但速度并不是很快。

(4)随着我国生育水平的不断下降，使得劳动力成本上升，倒逼企业提高劳动生产效率，驱动产业结构升级，对提高居民整体的收入、消费水平也具有正面作用；人口老龄化迫使本不完善的社会福利体制不断改进，这些都会刺激未来我国经济的持续增长，但经济增长速度将逐渐减慢。

(5)当只提升生育水平时，能有效增加我国的劳动力人口和儿童人口数量，并对老龄化会有一定的减缓作用。但只提升生育水平对经济的发展并不友好，人均 GDP 会有所下降。

(6)同时提升生育水平和教育水平时，不仅能缓解老年化问题还能促进我国经济全面发展。因此，我国应当加强全面开放二孩政策的力度，并将三孩政策提上日程，重点提升我国的生育率。同时，还要加大教育宣传，进一步提高我国的教育水平。

第 7 章　基于空间系统动力学的人口经济仿真框架研究

上面的章节我们构建了基于属性的一种常规系统动力学人口经济仿真模型，并且应用模型对我国人口政策与教育经济的发展进行了仿真分析研究，提出了政策建议。但这种基于属性的常规系统动力学人口经济仿真模型，仅仅体现出系统属性随时间进行变化的演化趋势，而不考虑仿真模型系统的空间结构。而在社会经济系统内部，尤其是区域经济系统，是由多个实体组成，例如城市群经济系统是由多个城市实时交互相互联系影响形成的，在使用系统动力学对其进行仿真时，只能将其看作一个整体，而无法考虑到内部实体之间的联系对经济发展的影响，也就是说经济系统的空间网络结构被忽略了。所谓空间网络结构就是指实体作为节点，实体之间的经济交流(物质、人口、信息、资本等的交流)作为媒介，构建起的经济网络结构。良好的区域经济网络结构可以优化各生产要素的分配和流通，在很大程度上会对区域的经济发展产生影响。

因此，本书前面章节所构建的人口经济仿真系统动力学模型在研究系统空间结构变化的仿真中仍有其局限性。由于目前能够有效实时且动态仿真区域经济网络的仿真方法并不多见，有必要拓展传统基于属性的系统动力学的功能，使其可以对仿真实体的空间结构变化进行实时动态的仿真，这种拓展了空间功能的系统动力学，即为空间系统动力学(spatial system dynamics，SSD)。

7.1 研究目的与意义

7.1.1 研究目的

基于以上论述，本书在总结分析现有空间系统动力学研究内容，对系统动力学进行空间结构方面的拓展，以期其能够对系统空间结构的动态变化进行仿真，分析并设计基于空间系统动力学的动态空间经济仿真框架，将空间系统动力学引入人口经济仿真领域，之后使用本书所建立的人口经济仿真框架，建立了一个全国城市地理空间仿真模型，针对全国人口教育经济发展以及其空间网络结构变化进行仿真并对仿真结果进行检验和分析，最后基于Django实现了仿真平台，将上述功能集成在web应用中，进一步提高了本书仿真框架的实用性和泛用性。

7.1.2 研究意义

在理论方法上，本书针对空间系统动力学在经济仿真领域进行了研究和应用，这在当前的国内外经济仿真研究中比较少见，相关文献较少，相关研究还处于初步探索阶段。传统经济学研究方法在对区域经济空间结构进行研究时，往往只能通过个别指标的计算来抽象地体现区域经济的空间结构变化，而空间系统动力学可以将区域内部实体作为仿真单元，动态地模拟仿真单元之间的联系变化，进而对区域经济系统的空间结构进行仿真。本书将空间系统动力学引入社会经济系统仿真并了建立动态空间经济仿真框架，是对经济仿真方法的有益补充。

在现实意义上，本书提出的人口经济动态空间经济仿真框架可以对我国人口教育区域经济系统的空间结构变化以一种具体的、动态的方式进行仿真，并将变化过程进行可视化。本框架可以模拟在基于地理空间城市群人口经济以及城市间人口经济空间结构变化，同时本书以全国地级市为仿真单元建立了中国人口经济城市群仿真模型并进行仿真，检验并分析了仿真结果，得出相关结论，以期对相关人口政策的制定提供参考和建议。

7.2 空间系统动力学国内外研究现状

7.2.1 空间系统动力学

所谓空间系统动力学，指的是添加了空间仿真能力的系统动力学。对于空间结构的仿真需求最初是出现于水文、环境等地理领域，这些领域的部分研究者关注环境的变化，尤其是空间结构的变化。在使用系统动力学对环境变化进行仿真的过程中，他们希望能够仿真模型能够体现地理环境的变化，例如 Sajjad Ahmad 等将空间系统动力学应用于陆地洪水蔓延模拟①，使用地理信息系统(geographic information system，GIS)将土地划分成网格，不同网格根据其土地类型适用不同的系统动力学模型(洪水淹没区域、草地、森林等)，不同类型的土地对洪水蔓延的反应不同，最终将洪水蔓延结果反馈至 GIS 中展示；ZhangBo 利用系统动力学和 GIS 模拟了一起松花江水污染泄露事件②，以一维水质量模型为基础，建立污染物扩散模型，然后通过一款耦合 GIS 功能的软件将扩散过程展示出来；BenDor，Todd K 等③使用空间系统动力学对一种翡翠白蜡寄生虫(emerald ash borer，EAB)在一种白蜡树上的传播过程进行了建模和研究，使用 GIS 对寄生虫系统动力学模型进行空间方面的扩展，并设定三种抑制寄生虫传播方案：密歇根州消灭策略、木柴隔离、白蜡树间伐，最终仿真结果显示，木柴隔离是能最有效抑制传播的方案；Ye，Hongmei 使用 GIS 和系统动力学建立了一个城市空间系统动力学(urban spatial system dynamics，USSD)用以模拟城市土地扩张④。这些研究主要集中如何仿真地理类型的扩散(例如水污染物的流动，寄生虫的蔓延)，没有考虑到这种扩散对于系统本身的反馈，例如水污染物扩散的越多，其扩散速度会受到影响。因此，部分研究者针对这种反馈建立了与空间要素结合更为紧密的模型，例如 Neuwirth，C 等⑤基于空间系统动力学原理，使用 python 编程，将 GIS 和系统动力学模型进行更加紧密的结合，在这个模型中，实现了 GIS 和系统动力学

---

① Ahmad S，SP. Simonovic. Spatial System Dynamics：New Approach for Simulation of Water Resources Systems[J]. Journal of Computing in Civil Engineering，2004. 18(4)：331-340.

② Zhang B. A study of GIS-SD based temporal-spatial modelling of water quality in water pollution accidents[C]. in ISPRS Congress Beijing 2008，Proceedings of Commission II. 2008：Reed Business-Geo Beijing.

③ BenDor TK，SS Metcalf. The spatial dynamics of invasive species spread. System Dynamics Review [J]：The Journal of the System Dynamics Society，2006. 22(1)：27-50.

④ Ye H，et al. Integrating GIS and urban spatial system dynamic model for urban expansion analysis[C]. GEOINFORMATICS'2008，2008.

⑤ Neuwirth C A Peck and SP Simonović. Modeling structural change in spatial system dynamics：A Daisyworld example[J]. Environmental Modelling & Software，2015. 65：30-40.

的动态反馈，作者使用了一个虚拟的雏菊世界来说明其模型的实现方法，在雏菊世界中，存在黑色雏菊、白色雏菊、肥沃土地以及贫瘠土地四种土地类型，其中黑色和白色雏菊生长所需环境温度不同，生长着雏菊的土地会向肥沃土地蔓延，贫瘠土地则会吞噬生长着雏菊的土地使之变为不可利用土地，同时，肥沃土地数量会影响雏菊的生长，雏菊本身的数量会影响环境的温度，雏菊数量过多也会加速贫瘠土地的蔓延，这样空间变化和系统动力学模型就形成了反馈；Xu，DuanYang 等①使用初级净生产力(NPP)作为衡量土地荒漠化等级的中间变量，建立用于仿真土地荒漠化的系统动力学模型，在这个模型中，气候、土壤水、人口、经济水平、牧草等相互影响，共同决定土地荒漠化进程；Liu，Dongya 等②结合系统动力学、元胞自动机(cellular automata，CA)和代理模型(agent-based model，ABM)，建立 SD-ABM-CA 土地利用与决策支持系统，有系统动力学模型控制宏观区域以及各土地类型数量，使用元胞自动机控制微观区域变化以及土地类型转换，将代理模型与元胞自动机结合，以影响元胞自动机的类型转化，最后以北京作为研究区域验证了模型的有效性；Rich，Karl M 等③在基于都市农业(urban agriculture)研究的基础上提出了空间群模型构建(spatial group model building，SGMB)的概念和方法，在使用系统动力学对都市农业以及城市食品演化进行仿真研究，针对农业发展与土地利用之间的反馈关系，SGMB 将系统动力学与参与性过程(participatory processes)结合在一起，对空间系统动力学进行扩展。

但是在社会经济仿真领域，对于空间系统动力学的研究与应用尚不多见，少部分涉及空间要素的系统动力学研究只是将空间分析与系统动力学松散地耦合在一起，更严格地说，仍然属于传统的系统动力学应用。例如 Wu，

① Xu D，et al. A spatial system dynamic model for regional desertification simulation – A case study of Ordos，China[J]. Environmental Modelling & Software，2016. 83：179-192.

② Liu D，X Zheng，H Wang Land-use Simulation and Decision-Support system (LandSDS)：Seamlessly integrating system dynamics，agent-based model，and cellular automata[J]. Ecological Modelling，2020. 417：108924.

③ Rich KM，M Rich，K Dizyee. Participatory systems approaches for urban and peri-urban agriculture planning：The role of system dynamics and spatial group model building[J]. Agricultural Systems，2018. 160：110-123.

Desheng 等①在综合分析了环境、能源、经济之间的复杂相互作用之后，使用系统动力学针对北京建立了能源—环境—经济(3E)系统，通过调整参数来模拟不同政策下北京经济、环境水平的发展变化，之后将历年的仿真结果导入 GIS 中，从空间维度分析其变化，最终得出结论，简单地优先发展经济或者优先保护环境的政策都不是可持续发展的最优政策，只有各种政策相结合，各方面综合发展才是最优解；Guan，Dongjie 利用重庆历史数据②，建立“经济-资源-环境”系统动力学模型，并使用 GIS 技术对仿真数据进行空间分析；余洁等③使用系统动力学模型设定多种经济发展模式，同时建立生态环境预测评价指标，根据模型仿真结果评估不同发展模式对生态环境的影响；Wan，Luhe 利用 GIS/RS 技术对哈大齐工业走廊的历史遥感数据进行分析④，根据分析结果建立可持续发展系统动力学模型进行仿真，并根据仿真结果对其可持续发展提出政策建议。如果以空间要素和系统动力学交互作为空间系统动力学的基本特征，目前现有的经济仿真相关研究，并没有真正意义上的空间系统动力学应用。

对于空间系统动力学的软件应用开发同样处于初步阶段，除了上文所述的模型外，还有诸如 SME、STELLA、SIMILE、SIMARC、5D、Nova、OME 等模型和软件的开发，但是这些模型基本都是基于系统动力学的简单拓展，并没有真正地体现空间要素与系统动力学的反馈关系，因此，对于基于空间系统动力学的仿真应用的模型和软件开发也是必要的。

7.2.2　研究评述

通过对国内外系统动力学以及空间系统动力学相关研究的梳理可知，基于空间与时间要素交互的空间系统动力学目前主要用于地理与环境领域的仿

---

① Wu D, S Ning Dynamic assessment of urban economy-environment-energy system using system dynamics model: A case study in Beijing[J]. Environmental Research, 2018. 164: 70-84.

② Guan D, et al. Modeling , dynamic assessment of urban economy−resource−environment system with a coupled system dynamics − geographic information system mode[J]. Ecological Indicators, 2011. 11(5): 1333-1344.

③ 余洁，边馥苓，胡炳清. 基于 GIS 和 SD 方法的社会经济发展与生态环境响应动态模拟预测研究[J]. 武汉大学学报(信息科学版)，2003(01)：18-24.

④ Wan L, et al. A study of regional sustainable development based on GIS/RS and SD model-Case of Hadaqi industrial corridor[J]. JOURNAL OF CLEANER PRODUCTION, 2017.

真，在社会经济仿真领域，仍然将系统时间要素的变化(例如人口、GDP 等各项经济指标)与空间要素的变化(例如经济联系强度等经济网络各项指标)割裂开来进行研究，少数研究即便是包括了经济系统的时间和空间要素，也并未考虑两者之间的动态反馈以及相互影响。

基于以上论述，为进一步探索空间系统动力学在经济仿真领域的应用方法，本书设计并实现了一个可以动态实时地仿真人口经济系统的空间结构框架，在此框架中，空间结构不再是一个简单的指标，而是由一组仿真单元相互联系相互影响产生的。框架高度耦合了空间要素和系统动力学，是对空间系统动力学在人口经济仿真中应用的一种有益的补充和探索。

7.3 动态空间人口经济仿真框架的研究与设计

7.3.1 空间系统动力学原理与设计

空间系统动力学实质上是与空间要素耦合的系统动力学，所以其基本思想是通过空间要素和时间要素的相互作用来实现对现实系统的仿真。通过空间分析和社会网络分析，计算出系统的空间结构对基本模拟单元的影响(图7-1)，然后将这种影响传递给基本仿真单元，从而实现系统动力学与空间要素的耦合。

在空间系统动力学的实现中，通常有两个问题需要解决，即数据交互形式和数据类型转换。

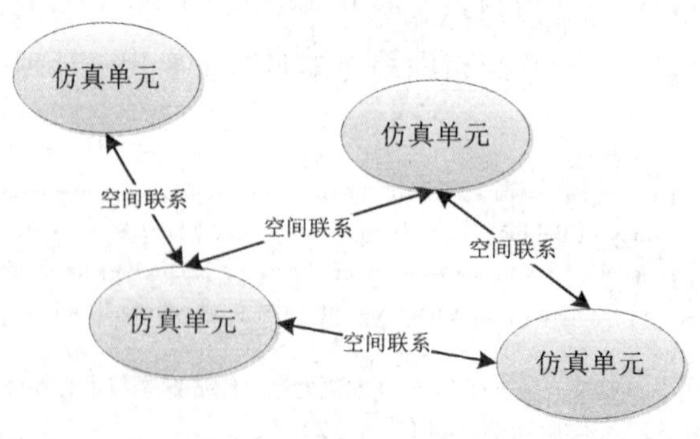

图 7-1 空间关系示意图

数据交互形式。根据研究者对空间要素与系统动力学之间耦合程度的看法，空间系统动力学可分为低耦合、中耦合和高耦合三种数据交互形式。例如，在上述洪水扩散模型、水污染物扩散模型和寄生虫传播模型中，空间要素与系统动力学模型之间的交互是线性的、单向的，一般形式是系统动力学对研究对象进行仿真，之后将仿真结果导入空间要素处理模块(如 GIS)，而数据从系统动力学模型流向空间模块而不返回，这种耦合被形象地称为“扩散”，在这种耦合中，如果数据传输过程是人工处理的(如将系统动力学仿真结果导出到 EXCEL 文件，再人工导入 GIS)，则称为低耦合，如果数据传输可以自动化，即系统动力学功能与 GIS 功能可以通过二次开发等方式进行耦合，并且仿真结果可以在 GIS 中进行处理，而不需要人工处理，则称为中耦合；在高耦合的系统动力学模型中，空间要素与系统动力学模型实时交互，即数据流传输到空间要素处理模块，经过空间模块的处理和计算后，将处理结果反馈给系统动力学模型，空间模块的处理结果受到系统动力学模型的仿真结果的影响，而系统动力学模型的仿真结果又会受到空间模块计算结果的影响，从而形成一种循环反馈回路，如图 7-2 所示。如果在仿真过程中能够实现动态实时交互，即每一步的仿真都会进行时间和空间的交互，就可以达到空间系统动力学的仿真目的。

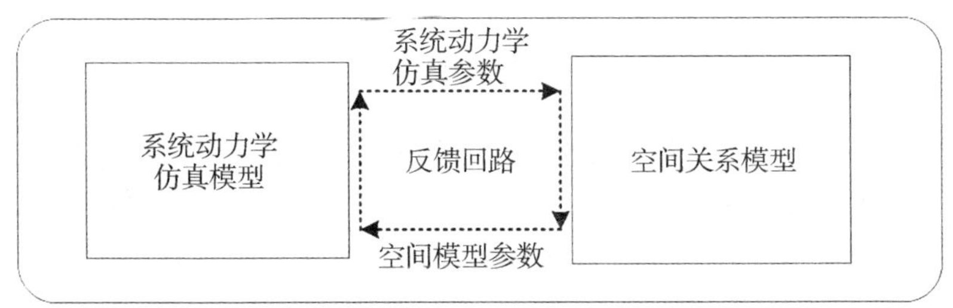

图 7-2　SD 与空间模块交互示意图

数据类型转换。由于仿真系统中时间维度和空间维度的数据形式有很大的不同，以区域经济仿真为例，时间序列数据形式为一维数组，如 GDP、人口等。而空间数据为栅格数据或矢量数据，所以需要定义两者之间的数据转换，在 GIS 中是通过“属性”来实现的，将整体空间划分为不同的区块(如区域经济中的行政区划)，每个区块都可以定义其属性，将时间序列数据按时间节点分配给区块的属性，如图 7-3 所示，使系统动态的时间序列数据与空间模块的空间数据相联系。

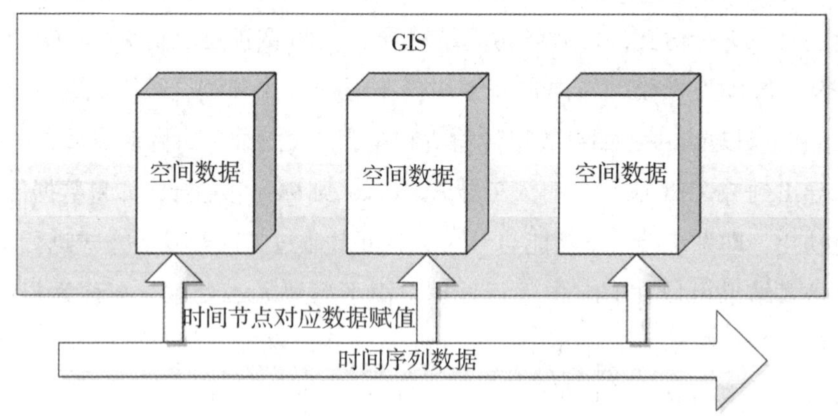

图 7-3　时间数据与空间数据转换示意图

基于以上各节的讨论，复杂经济系统的系统动力学和其他现有的仿真方法无法真正实时、动态地模拟经济系统的空间变化，在利用这些方法进行空间变化的相关仿真和研究时，多采用相关指标的数值变化(如分形维度、齐普夫系数等)来抽象地表示空间变化，无法对系统的空间变化进行更直观的表达。无法对系统的空间变化有更直观的表示，也就无法有效仿真空间变化对经济的影响。另外，仿真软件的扩展性不够，当有额外的仿真需求时，不能有针对性地开发相应的功能。因此，本书设计并实现了一种基于系统动力学的动态人口空间经济仿真框架，该框架能够有效地仿真人口经济系统的经济网络结构变化，并能根据网络结构变化影响经济系统各实体的发展。该仿真框架充分应用了系统动力学关于存量流量和因果回路的核心思想，仿真过程由系统动力学模块和空间关系处理模块两个基本模块组成。系统动力学模块实质上是针对单个仿真实体进行仿真。空间关系处理模块用于处理仿真过程中各实体之间的通信和联系。在仿真过程中，这两个模块实时动态地交换数据，并相互影响。将上述功能制作成基于 Django 的 Web 端应用程序，最后使用该平台框架建立了基于我国城市群的人口经济仿真模型，主要针对我国地级以上城市进行仿真分析，以研究未来我国城市群的人口经济网络演化特征。

本书的主要研究内容包括三大部分：一是动态人口空间经济仿真框架的设计与实现；二是基于 Django 的动态人口空间经济仿真平台的开发；三是基于该平台对我国城市群的人口经济仿真分析。

其中，动态空间经济仿真原理框架主要实现以下功能或模块，如图 7-4 所示。

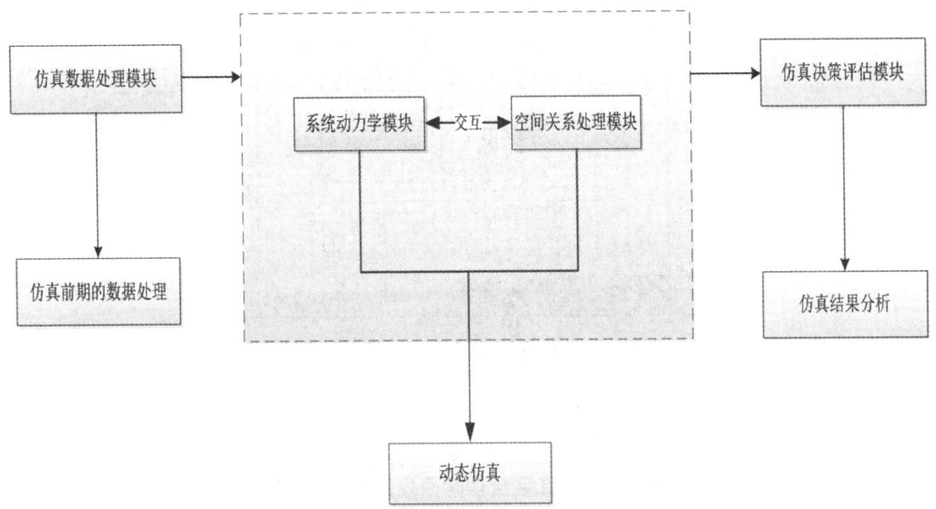

图 7-4　动态空间经济仿真原理示意图

(1)仿真基础数据处理模块，用于处理基本的仿真数据以及空间数据，包括系统动力学模型建立所需的数据和空间关系处理所需的数据。

(2)系统动力学模块，是框架中的系统动力学部分，其主要功能是建立系统动力学模型，并与空间关系处理模块进行交互。

(3)空间关系处理模块，对模拟单元的空间结构变化进行处理，并将变化结果传递给系统动力学模块。

(4)经济仿真评估模块，其主要功能是对仿真结果进行评价和分析。

利用上述框架建立全国城市群仿真模型，具体功能如下。

(1)数据收集：模型以地级市为基础仿真单元，需要收集全国三百多个地级市的经济和空间数据。

(2)模型建立：为每个仿真单元建立系统动力学模型，并将其导入框架的系统动力学模块。

基于 Django 的动态空间经济仿真平台有以下几个模块，如图 7-5 所示。

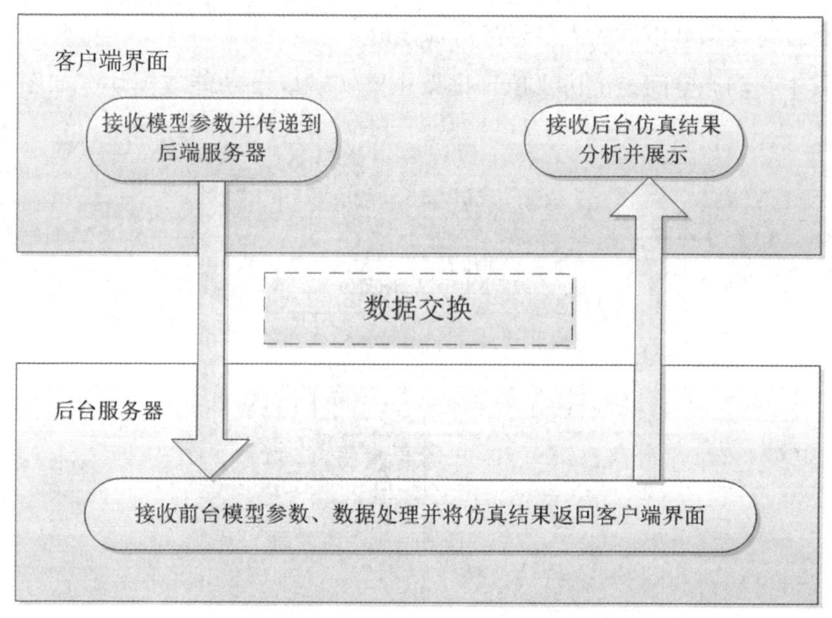

图 7-5　仿真平台功能原理结构示意图

(1)前端数据接收。接收用户模型文件，提供参数修改功能。

(2)前端显示：显示仿真结果和分析结果。

(3)后台功能：整合框架四个模块的所有功能，接收前端发送的数据和参数并进行相应的处理，然后将处理结果返回给前端进行展示。

(4)仿真结果检验与分析：对模型仿真结果进行检验，验证其准确性，并对仿真数据进行分析。

虽然系统动力学的相关软件已经非常成熟，但相应的，这些软件缺乏足够的扩展性，难以进行二次开发，而空间系统动力学的相关应用软件相对较少，仅有的几个软件多是研究人员专门为其研究而实现的脚本程序，不具有通用性，如何实现仿真单元之间的实时交互也是一个难题。另外，由于在建立系统动力学的过程中，除了确定变量之间的因果关系外，还需要大量的历史数据来确定一些变量之间的数量关系，特别是涉及城市群等仿真单元众多的仿真模型时，数据量巨大，人工处理数据的难度很大。

针对以上难点，本书做了以下深入研究。

(1)空间系统动力学的扩展。整个框架采用 python 编程实现，所有的系统动力学函数和功能都可以在 python 环境下使用 PySD 库，还可以自定义函数，替换原有的变量关系。

(2)自动化数据处理和分析。python 具有良好的数据处理能力，非常适合对大量数据进行自动化处理，特别是 pandas 和 numpy 等库的使用。另外，利用 sklearn 库进行批量线性回归和神经网络拟合，用拟合后的模型替代原有的系统动力学模型。

(3)仿真平台的设计与实现。与单个脚本相比，在 web 应用程序中嵌入功能，通过后台的模块化设计，可以方便地替换不同的功能或添加自定义的功能，使得仿真框架的通用性和实用性更强。

7.3.2　本书整体框架设计

1. 框架整体设计

基于以上的讨论和分析，本书设计了一种基于空间系统动力学的动态空间经济仿真框架，该框架将空间要素和系统动力学模型耦合在一起，能够实时动态地仿真复杂系统的时间序列变化和空间结构变化，在考虑可用性和通用性的基础上，除了必要的系统动力学功能和空间关系处理功能外，还增加了前期数据处理功能和后期数据分析与可视化功能，即框架功能分为四个模块：仿真基础数据处理模块、系统动力学模块、空间关系处理模块和经济仿真决策评估模块。

其中，仿真基础数据处理模块集成了数据处理功能，主要负责处理仿真数据，包括数据清洗、数据回归分析、空间数据处理等。处理后的仿真初始数据将导入系统动力学模块，系统动力学模块主要提供系统动力学相关功能，系统动力学模块在接收到初始数据后，将进行单次仿真，保存仿真数据并传递给空间关系处理模块。而空间关系处理模块在处理完仿真数据后会获取空间参数，然后返回系统动力学模块参与下一次仿真，这样在系统动力学模块和空间关系处理模块之间会循环多次仿真，直到达到时间边界。如图 7-6 所示。

(1)处理仿真数据，由于系统动力学建模需要收集研究区域的历史数据，这些数据需要从年鉴、统计公报、官方网站等收集，往往由于格式、统计口径变化等原因，导致数据出现明显的异常，可能会导致模型出现较大的误差，所以在仿真前需要对数据进行清洗，以消除异常，另外有些数据可能无法获得，这也需要合理的估算和预测。

(2)分析计算仿真变量参数，在系统动力学中，变量之间的关系可以是逻辑关系的，也需要定量的描述，这时就需要对变量进行相关分析和回归分析，以确定变量之间的定量关系。

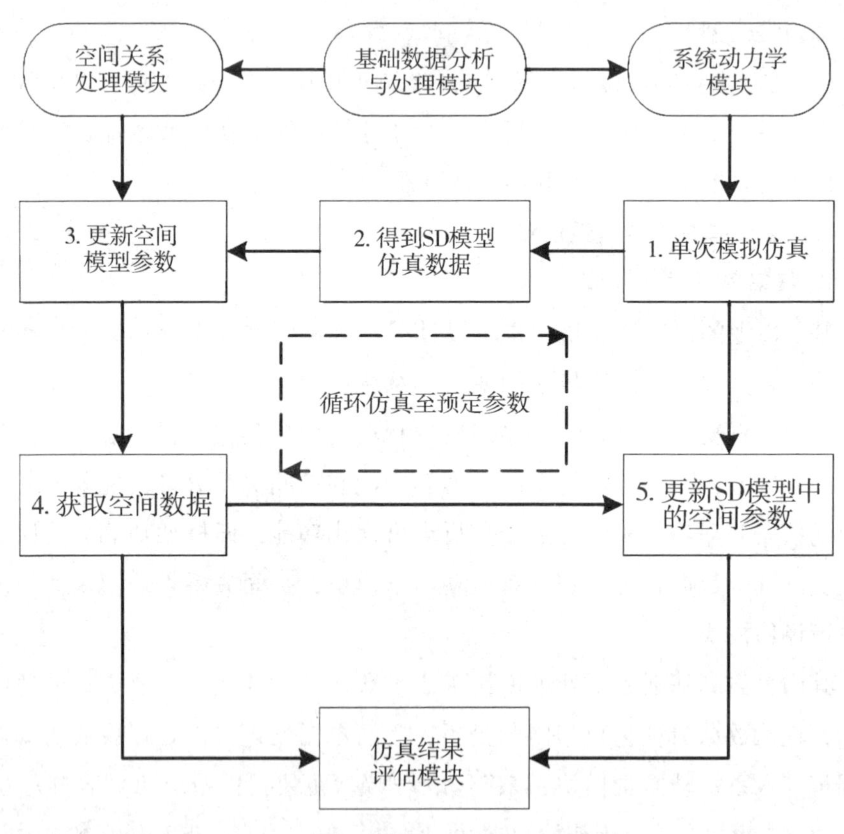

图 7-6　空间经济仿真框架示意图

2. 仿真基础数据处理模块功能设计

仿真基础数据处理模块的主要功能是：(1)处理仿真数据；(2)分析计算仿真变量参数；(3)处理空间数据，如图 7-7 所示。

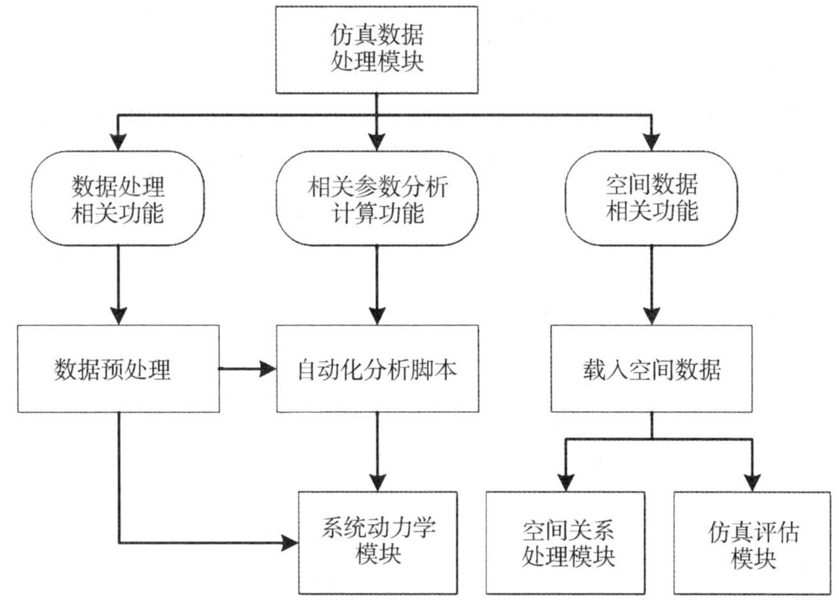

图 7-7　仿真基础数据处理模块功能示意图

(3)处理空间数据，在研究区的空间分析中，需要读取研究区的栅格数据，还需要将每个仿真周期的仿真数据导入空间模块，这部分功能由数据处理模块提供。

3. 系统动力学模块功能设计

系统动力学模块主要提供仿真所需的所有系统动力学功能，如下所示。

(1)建模：根据前期系统分析，确定系统变量和系统因果回路，建立系统动力学模型，并将模型读入仿真框架。

(2)系统动力学函数：包括系统动力学的各种函数，如延迟函数、smooth 函数和各种数学函数等。

(3)模型检验：包括结构测试、逻辑分析、误差分析等。

与传统的系统动力学建模相比，本框架提供的建模方法具有三个明显的优势和特点。

(1)针对基本仿真单元建模：传统的空间系统动力学建模是针对研究区域整体进行建模，而本框架在建模过程中将研究区域分割成多个基本仿真单元，并结合数据处理模块提供的变量分析功能，分别针对每个基本仿真单元进行建模，在仿真过程中，各仿真单元之间相互并行运行，并在每个仿真周期结束后更新其空间要素。

(2)批量更换变量关系：传统的系统动力学建模软件，其功能相对固定，如果要修改已建立的模型，只能手动编辑，这不能满足本书对多个仿真单元建模的需求，本框架提供了批量更换的功能来改变变量关系。

(3)提供空间接口。在系统动力学模块中耦合一个空间接口，以方便系统动力学模块与空间关系处理模块之间的数据交互。

此外，系统动力学模块还可以将仿真数据传递给经济仿真决策评估模块进行分析和展示。

4. 空间关系处理模块功能设计

空间关系处理模块的主要功能是模拟系统空间结构的变化，将变化结果量化并返回系统动力学模型，同时将空间结构的变化传递给经济仿真决策评估模块，供其分析和可视化。

(1)模拟研究区域空间结构的变化：系统的空间结构是由其内部单元及其相互作用共同构成的，每个单元随着系统时间序列的发展会改变其属性值，从而导致系统空间结构的变化，进而影响到各个单元，空间关系处理模块可以模拟这种变化。

(2)量化空间结构变化引起的影响，并将其转移到系统动力学模型中：基于上述讨论，系统空间结构的变化会影响到内部各单元的变化，在仿真过程中，可以通过参与各仿真单元的仿真来量化这种影响，空间关系处理模块可以通过计算来量化这种影响。

5. 人口经济仿真决策评估模块功能设计

人口经济仿真决策评估模块主要用于对仿真数据进行分析和可视化，包括系统动力学模块的时间序列数据和空间关系处理模块的空间数据。通过调整仿真策略和分析仿真结果，该模块可以有针对性地提出政策建议，也可以分析和预测系统空间结构变化的结果。

(1)调整策略并提出建议：与传统的系统动力学分析方法类似，通过设置多种仿真策略，观察分析不同策略下系统发展的差异，研究不同策略对系统的影响。

(2)分析系统空间结构的变化。经济仿真决策评价模块可以在每个仿真周期结束时保存系统的空间数据，通过对空间数据的变化进行对比分析，研究和预测其空间结构的变化。

其具体功能包括：社会网络分析、空间分析和空间数据可视化。

(1)社会网络分析：主要功能是分析网络中的节点以及节点之间的关系、节点在网络中的位置等。通过该功能，可以分析城市群经济网络的发展情况。

(2)空间分析：是 GIS 的核心功能之一，主要用于研究空间数据在地理空间上的分布特征，可以结合社会网络分析功能，对城市群经济网络的发展进行更全面的分析和研究。

(3)空间数据可视化：包括经济网络可视化和空间分析结果可视化，空间网络可视化功能可以实时显示研究区域的经济网络结构，空间分析结果可视化功能用于显示空间分析结果。

7.4　动态空间人口经济仿真框架的实现

7.4.1　研究对象

为了研究我国人口政策与教育经济发展的空间关联特性，必须要先定义基于空间特性的基本研究单元，本书基于常规的一些研究方法定义，采取基于我国地级以上城市为空间研究基本单元个体的划分方式，以我国城市群为研究对象，对于我国人口政策与教育经济的发展进行空间系统动力学仿真研究。

综合国家新型城镇化规划(2014—2020 年)和《中华人民共和国国民经济和社会发展第十三个五年(2016—2020 年)规划纲要》，目前我国成群分为 19 大城市群(见表 7-1)，包括 5 大国家级城市群(京津冀城市群、长三角城市群、珠三角城市群、长江中游城市群、成渝城市群)、8 大区域性城市群(辽中南城市群、山东半岛城市群、海峡西岸城市群、哈长城市群、中原城市群、北部湾城市群、关中城市群、天山北坡城市群)，以及 6 大地区性城市群(晋中城市群、呼包鄂榆城市群、黔中城市群、滇中城市群、宁夏沿黄城市群、兰州-西宁城市群)。

表 7–1　我国城市群及其城市名单

区域	城市群	城市名单
东部	京津冀城市群	北京市、天津市、唐山市、廊坊市、保定市、秦皇岛市、石家庄市、张家口市、承德市、沧州市、邢台市、邯郸市、衡水市
	山东半岛城市群	济南市、青岛市、烟台市、威海市、日照市、东营市、淄博市、泰安市、德州市、聊城市、滨州市、菏泽市、济宁市、临沂市、枣庄市、莱芜市、潍坊市
	长江三角洲城市群	上海市、南京市、无锡市、常州市、苏州市、南通市、盐城市、扬州市、镇江市、泰州市、杭州市、宁波市、嘉兴市、湖州市、绍兴市、金华市、舟山市、台州市、合肥市、芜湖市、马鞍山市、铜陵市、安庆市、滁州市、池州市、宣城市
	海峡西岸城市群	福州市、厦门市、莆田市、三明市、泉州市、漳州市、南平市、龙岩市、宁德市、温州市、衢州市、丽水市、汕头市、梅州市、揭阳市、上饶市、鹰潭市、抚州市、赣州市、潮州市
	珠江三角洲城市	广州市、深圳市、珠海市、佛山市、惠州市、肇庆市、江门市、东莞市、中山市
东北	辽中南城市群	沈阳市、大连市、鞍山市、抚顺市、本溪市、丹东市、锦州市、营口市、阜新市、辽阳市、盘锦市、铁岭市、葫芦岛市
	哈长城市群	哈尔滨市、大庆市、齐齐哈尔市、绥化市、牡丹江市、长春市、吉林市、四平市、辽源市、松原市
中部	晋中城市群	太原市、晋中市
	中原城市群	郑州市、开封市、洛阳市、平顶山市、新乡市、焦作市、许昌市、漯河市、鹤壁市、商丘市、周口市、安阳市、濮阳市、三门峡市、南阳市、信阳市、驻马店市、邯郸市、邢台市、晋城市、长治市、运城市、宿州市、阜阳市、淮北市、蚌埠市、聊城市、菏泽市
	长江中游城市群	武汉市、黄石市、鄂州市、黄冈市、孝感市、咸宁市、宜昌市、荆州市、荆门市、长沙市、株洲市、湘潭市、岳阳市、益阳市、常德市、衡阳市、娄底市、南昌市、九江市、景德镇市、鹰潭市、新余市、宜春市、萍乡市、上饶市、抚州市、吉安市

续表

区域	城市群	城市名单
西部	呼包鄂榆城市群	呼和浩特市、包头市、鄂尔多斯市、榆林市
	成渝城市群	重庆市、成都市、自贡市、泸州市、德阳市、绵阳市、遂宁市、内江市、乐山市、南充市、眉山市、宜宾市、广安市、达州市、雅安市、资阳市
	黔中城市群	贵阳市、遵义市、安顺市
	滇中城市群	昆明市、曲靖市、玉溪市
	西部关中平原城市群	西安市、宝鸡市、咸阳市、铜川市、渭南市、商洛市、运城市、临汾市、天水市、平凉市、庆阳市
	北部湾城市群	南宁市、北海市、钦州市、防城港市、玉林市、崇左市、湛江市、茂名市、阳江市、海口市
	宁夏沿黄城市群	银川市、石嘴山市、吴忠市、固原市、中卫市
	兰州西宁城市群	兰州市、白银市、定西市、西宁市
	天山北坡城市群	乌鲁木齐市、克拉玛依市

本书选取各区域具有代表性的 6 大中国城市群，利用 297 个地级市的历史数据(不包括部分数据难以获取和划分时间较短的城市，如海南省三沙市、湛州市等)，在本书提出的框架基础上，实现了包含上述四个模块的中国城市群经济仿真模型。这些城市群具有地域跨度大、发展不均衡的特点，对每个城市进行模拟是有难度和价值的。

本书所用数据来自《中国统计年鉴》《中国城市统计年鉴》、各省统计年鉴和各省统计局官方网站，交通数据来自《中国交通年鉴》，距离数据来自 ArcGIS 计算的城市最短交通距离。

7.4.2　实现方法

1. 整体实现流程

中国城市群仿真模型以地级市为基本仿真单元，以带有空间变量的系统动力学模型为基本仿真模型，以城市引力模型构建城市经济网络为空间模型，模型将时间序列模拟和空间结构模拟耦合，具有同时研究区域经济发展和区域空间结构变化的能力。

本书以 Windows 版 Vensim PLE 5.11 作为系统动力学的初始模型构建工具，以 ArcGIS 提供的工具包作为空间分析工具，再加上 Ucinet 的社会网络分析功能。以上软件和功能的耦合使用 python 3.6 作为开发工具来实现。在仿真工具的选择上，本书选择 python 作为开发语言，python 由于语法简单易懂，开发成本极低，同时，其丰富的第三方工具箱使得 python 功能强大。例如，在系统动力学模块中，python 有包括 PySD 在内的多种系统动力学库。PySD 是在 Vensim 的基础上使用纯 python 实现的系统动力学库，其作用是读取已经构建的 mdl 文件格式的系统动力学模型，同时提供各种系统动力学相关的函数，这样利用 python 灵活的语法优势，可以很方便地将系统动力学函数耦合到本书的仿真框架中；还有 arcpy 可以提供空间分析函数，networkx 和 igraph 提供社会网络分析函数，pandas，numpy 等。提供强大的数据处理和计算功能，利用 sklearn 训练回归和神经网络模型，matplotlib 库提供时间序列可视化功能等。

框架实现的流程如图 7-8 所示，首先利用数据处理模块对数据进行处理，确定模型变量之间的关系，然后利用 vensim 构建初始系统动力学模型，选择能够反映城市发展差异的变量；利用系统动力学模块读取初始模型，同时空间关系处理模块根据数据处理模块提供的初始数据系数计算出初始网络影响，传入系统动力学模型，完成框架的整体初始化。

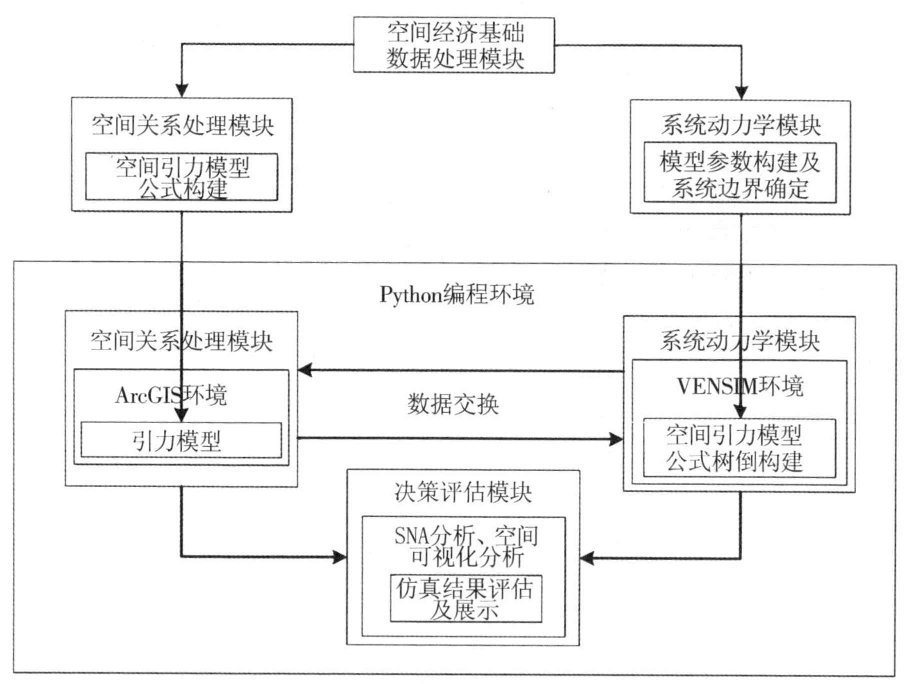

图 7-8　框架实现流程图

启动仿真后，首先对系统动力学模型进行单次仿真，得到本次仿真结果并传递给空间关系处理模块，空间关系处理模块根据仿真数据更新其网络结构并计算出新的网络影响因子，空间模块计算出的网络影响因子返回给系统动力学模型进行下一次仿真，并更新空间要素变量。更新模型的空间要素后，系统动力学模块将进行下一次仿真，完成一个仿真周期，直至完成指定的仿真周期。系统动力学模块和空间关系处理模块通过数据的实时交互，完成系统的时间序列和空间结构的模拟。

在仿真过程中，框架可以自动保存各系统动态的仿真结果，也可以保存空间模块的计算结果，并导入经济仿真决策评价模块，该模块包含空间分析功能、社会网络分析功能和仿真数据可视化功能，可以沿时间轴显示系统的属性数据，并将空间分析结果以指定时间界面的形式显示出来并进行处理。如图 7-9 所示。

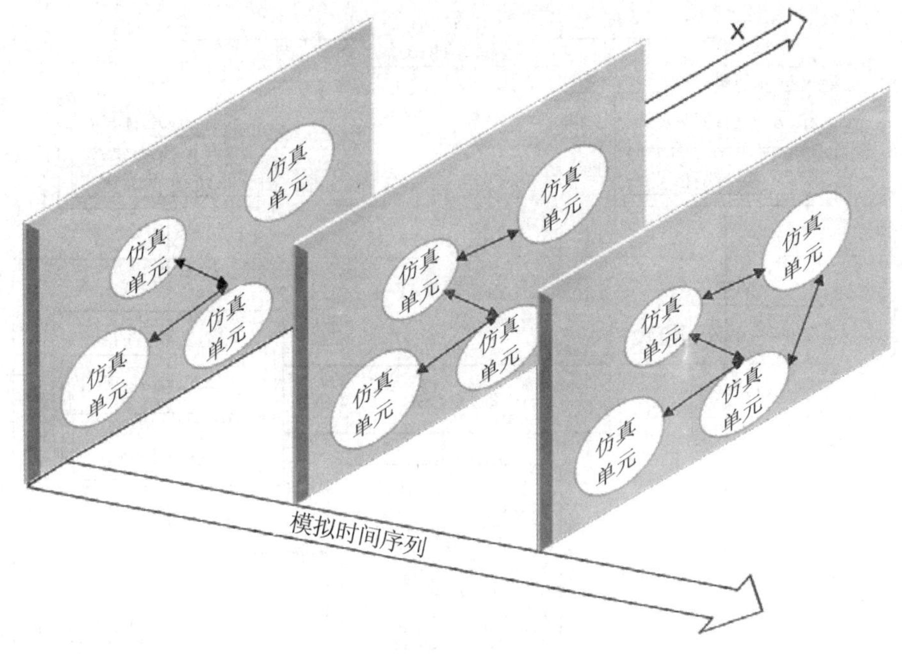

图 7-9 框架时空分析示意图

2. 仿真基础数据处理模块实现

根据功能设计，仿真基础数据处理模块的主要功能包括：(1)处理仿真数据；(2)分析计算仿真变量参数；(3)处理空间数据。

(1)处理仿真数据：python 具有强大的数据处理能力，本书主要利用 pandas 工具包进行数据处理，采用数据清洗的方法对数据的异常值、缺失数据进行处理。

(2)仿真变量参数的分析与计算。系统动力学模型中的一些变量利用历史数据来分析它们的数量关系，在传统的系统动力学建模研究中，经常使用 excel 等工具进行手工分析计算，但手工操作有明显的缺点，即自动化程度低，工作量大，特别是在本书的研究中，需要对三百多个城市分析它们的变量关系，手工分析的工作量非常巨大，难以完成，所以使用 python 和 sklearn 建立自动化分析脚本，如图 7-10 所示，其中主要使用 sklearn 的 linear_ model 线性回归模型来拟合线性变量关系，并使用神经网络来拟合非线性变量关系，神经网络(又称多层感知器)常用来解决分类问题，如果将其激活函数去掉或用线性激活函数代替，神经网络也可以用来解决回归问题，利用这个脚本，输入处理过的历史数据可以自动训练并保存训练模型，供系统动力学模块读取。为了降低模型的整体复杂度，本模块优先使用线性模型(linear regression)来确定变量之间的关系，但由于大多数变量之间并不是简单的线性关系，所以当线性模型误差较大时，会用神经网络模型(MLPR egression)来处理和拟合变量。

```
输入：城市变量列表 cities = [city_1, city_2, city_3, ..., city_n];
      城市属性变量列表 variables = [variables_1, variables_2, ..., variables_m];
      城市属性关系列表 variables_relations = [relation(variable1, variable2),
                                               relation(variable1, variable3),
                                               .....,
                                               relation(variable3, variable4),
                                               .....];

      城市变量相关数据 cities_data = [
            (city1, {variable1: variable1_data; variable2: variable2_data;...}),
            (city2, {variable1: variable1_data; variable2: variable2_data;...}),
            ...]

过程：自动化仿真函数伪代码：

CityRelationTraining(cities, variables, variables_relations, cities_data)

for each city in cities do
    for each relation in variables_relations do
        get variables x and variable y in relation
        construct a linear regression model or CNNModel or RNNModel
        train model using data x and y
        save model

输出：多组模型，通过交叉验证等方法选择其中准确率最高的一组模型。
注：该模型包括所有城市的相关变量。
```

图 7-10　自动化分析脚本伪代码

(3)处理空间数据：空间数据主要是栅格数据和矢量数据，空间关系处理模块需要通过研究区域空间数据来建立经济网络，经济仿真决策评估模块也需要空间数据进行可视化展示和空间分析，主要利用 ArcGIS 提供的 python 库：arcpy 来实现，arcpy 集成了 ArcGIS 的大部分功能，包括读取和操作空间数据、提供空间分析功能等。

3. 系统动力学模块实现

系统动力学模块提供了本框架的核心功能之一，即仿真经济系统的时间序列变化。该模块的实现过程如下。

(1)经过系统边界分析以及逻辑分析确定仿真模型的变量数量和逻辑关系后，利用 vensim 软件手工建立一个仿真初始模型，这个初始模型中的变量只有逻辑关系，没有数量关系，需要进一步初始化。

(2)将模型导入该模块，该模块使用前文所述的 PYSD 库对系统动力学模型进行操作，从数据处理模块接收变量关系模型和初始数据，从空间模块接收初始空间影响要素，对每个城市模型进行批量初始化。

(3)然后开始仿真，在一个仿真周期内，首先对每个城市模型进行单步仿真(本书中一步为一年)，然后将仿真结果导入空间模块，得到本周期的空间影响因子值，并更新每个城市模型的初始值，这样一个仿真周期完成后，紧接着开始下一个仿真周期。

(4) 每个仿真周期的仿真结果保存在决策评估模块中进行分析和可视化。

在本模块中，除了需要使用 vensim 建立仿真初始模型外，其他过程都是在 python 环境下自动进行的。

本书建立的中国城市群仿真模型是以中国地级市为基础仿真单元，意在建立一个尽可能包含影响经济发展的各方面的模型，但由于系统边界问题，模型研究的边界越扩大，模型的复杂程度就越高，所以不可能包含系统的所有要素。本书通过对系统变量的分析和文献综述，详细研究了“经济—资源—环境系统”、“人力资本经济系统”、“科技发展系统”等相关模型，在丰富系统系统动力学相关模型和研究的基础上，筛选出教育、科技、人口、资源能源、环境五个常见子系统。再结合本书对经济空间结构仿真的需要，共确定了教育、科技、人口、环境、资源能源、空间结构等六个影响经济发展的因素，依次建立了包括经济子系统在内的七个子系统，如图 7-11 和表 3-2 所示。

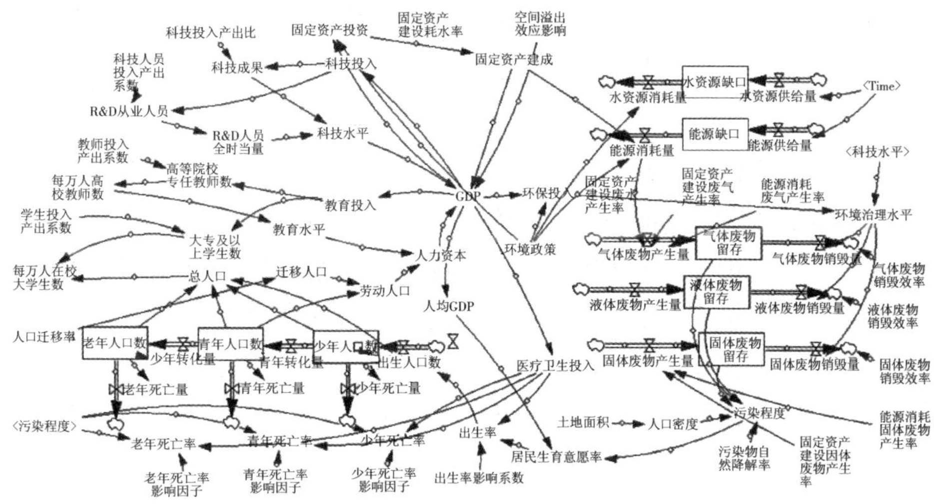

图 7-11　系统动力学模型流量存量图

(1)经济子系统。经济子系统包括 GDP、财政支出、固定资产投资、人均 GDP 等指标，其中，财政支出又分为教育支出、科技支出、环境保护支出、医疗卫生支出等。该子系统主要用于表达经济系统的经济发展水平，其中，GDP、人均 GDP 是模型的主要经济指标。

(2)教育子系统：教育子系统包括在校学生人数、专任教师人数等变量。为了体现其与科技指标的联系，这里的学生数和教师数均属高等教育，该子系统用每万人中的学生数和每万人中的教师数来衡量教育水平，提升教育投资可以增加学生数和教师数，从而提高教育水平，影响经济发展的人力资本因素也会增加。

(3)科学技术子系统。科技子系统主要包含科技成果、全职等值的科技人员(研发人员)等。其中，科技成果主要是指专利申请量和授权量，提高科技投入可以提高科技成果，同时提高科技人员数量，从而提高科技水平，进而影响经济发展。

(4)人口子系统：主要包括出生率、死亡率、各阶段人口、总人口、劳动人口、人力资本等。为了更好地分析总人口和工作人口，人口子系统将总人口分为儿童人口(0 ~ 14 岁)、青年人口(15 ~ 65 岁)、老年人口(65 岁及以上)，青年人口数为工作人口数，出生率受医疗卫生投入、居民生育意愿、环境污染影响，死亡率主要受医疗卫生投入和环境污染影响。生育率的提高和死亡率的降低，将导致人口总量的增加和劳动人口的增加，从而增加社会人力资本总量，进而影响经济。

(5)环境子系统。环境子系统的主要指标包括各类废弃物的排放量、处理量和留存量，以污染程度来衡量环境水平，污染程度会通过影响人口间接影响经济发展，还设有环保政策变量来控制环保政策对固定资产建设、能源消耗和环保投入的影响，以科技水平和环保投入作为衡量环境治理水平的变量，环境治理水平的高低又会影响各类废弃物的处理量，进而影响污染程度。

(6)资源能源子系统。能源子系统主要包括供水和能源供应，其中能源供应全部转化为标准煤。供水缺口和能源供应缺口将共同影响经济发展，科技的提高会提高水和能源的供给，能源的消耗会增加污染物的排放，固定资产的建设会增加能源消耗。

(7)空间子系统。空间要素对经济系统的发展影响复杂而广泛，如人口、投资、环境、教育、科技等领域都有空间要素的影响，且影响形式多样。为了简化研究，本模型将空间影响因素简化为空间溢出的相应变量，使其作为人力资本、投资等因素直接影响经济发展。

表 7-2　模型主要变量

子系统	主要指标	主要变量	备注
经济子系统	GDP	GDP	衡量经济发展的主要指标
	固定资产投资	人均 GDP	
	财政支出	固定资产投资	
		固定资产投资建成	固定资产投资的建设比例
		教育投入	
		科技投入	
		环保投入	
		医疗卫生投入	

续表

<table>
<tr><th>子系统</th><th>主要指标</th><th>主要变量</th><th>备注</th></tr>
<tr><td rowspan="5">教育子系统</td><td rowspan="2">教师数</td><td>高等院校专任教师数</td><td></td></tr>
<tr><td>每万人高校教师数</td><td></td></tr>
<tr><td rowspan="2">学生数</td><td>大专以上在校生数</td><td></td></tr>
<tr><td>每万人在校大学生数</td><td></td></tr>
<tr><td>教育水平</td><td>教育水平</td><td>以学生数和教师数衡量教育发展水平</td></tr>
<tr><td rowspan="4">科技子系统</td><td rowspan="2">科技从业人员</td><td>R&D 人员</td><td></td></tr>
<tr><td>R&D 人员全时当量</td><td>全时当量包含全职人员和非全职人员工作量</td></tr>
<tr><td rowspan="2">科技水平</td><td>科技成果</td><td>专利数</td></tr>
<tr><td>科技水平</td><td>以从业人员数量和科技成果衡量科技水平</td></tr>
<tr><td rowspan="12">人口子系统</td><td rowspan="7">人口</td><td>总人口</td><td></td></tr>
<tr><td>儿童人口数</td><td>0~14 岁</td></tr>
<tr><td>青年人口数</td><td>15~64 岁</td></tr>
<tr><td>老年人口数</td><td>65 岁及以上</td></tr>
<tr><td>迁移人口</td><td>城市迁移人口估算值</td></tr>
<tr><td>劳动人口</td><td>青年人口</td></tr>
<tr><td>人力资本</td><td>直接影响经济发展的变量之一</td></tr>
<tr><td rowspan="2">出生率</td><td>出生率</td><td></td></tr>
<tr><td>居民生育率</td><td>居民生育率影响出生率</td></tr>
<tr><td rowspan="3">死亡率</td><td>儿童死亡率</td><td>根据两年之间的儿童数量变化值估算</td></tr>
<tr><td>青年死亡率</td><td>根据两年之间的青年数量变化值估算</td></tr>
<tr><td>老年死亡率</td><td>由死亡率、儿童、青年死亡率计算得到</td></tr>
</table>

续表

子系统	主要指标	主要变量	备注
资源能源子系统	水资源	水资源缺口	水需求量与供应量的差值
		水资源供给量	
		水资源需求量	由当年 GDP 与万元 GDP 耗水量估算
	能源	能源缺口	能源需求量与供给量的差值
		能源供给量	
		能源消耗量	由当年 GDP 与万元 GDP 能耗估算
环境子系统	固体废物	固体废物留存	由排放量与处理量差值累积得到，由于数据可获得性，初始值为零，下同
		固体废物排放	
	气体废物	气体废物留存	
		气体废物排放	
	液体废物	液体废物留存	
		液体废物排放	
	环境治理	环境治理水平	由科技水平和环保投入、环保政策共同决定
		固体废物处理量	由环境治理水平决定
		气体废物处理量	
		液体废物处理量	
	环境水平	污染程度	由污染物留存量决定
		人口密度	
空间子系统	空间影响因素	空间溢出效应影响	空间关系处理模块接口

4. 空间关系处理模块实现

根据空间关系处理模块的功能设计，其功能主要有两点：(1)仿真研究区域空间结构变化；(2)量化空间结构变化引起的影响并将其传递给系统动力学模型。因此，空间模块的基本实现方法就是建立经济网络模型，再依据相关算法计算空间结构变化的影响。具体实现方法如下。

根据空间关系处理模块的功能设计，其功能主要有两个：(1)仿真研究区域的空间结构变化；(2)量化空间结构变化造成的影响，并将其转移到系统动力学模型中。因此，空间模块的基本实现方法是建立经济网络模型，然后根据相关算法计算空间结构变化的影响。具体的实现方法如下。

(1)构建人口经济网络模型，构建经济网络常用的方法是引力模型，因此，本书也利用引力模型计算城市之间的经济联系强度，构建以城市为网络节点，以城市之间的经济联系强度为权重的经济网络，本书针对引力模型进行改进，与一般的引力模型相比，增加了城市的行政区域面积和构造最短旅行时间来代替城市的直线距离，如式 7-1 所示：

$$R_{\mathrm{ij}} = \frac{\sqrt[3]{P_{\mathrm{i}}G_{\mathrm{i}}A_{\mathrm{i}}}\ \sqrt[3]{P_{\mathrm{j}}G_{\mathrm{j}}A_{\mathrm{j}}}}{T_{\mathrm{ij}}^{2}} \tag{7-1}$$

式中：R_{ij} 表示城市 i 和城市 j 之间的经济联系强度；P_{i}，P_{j} 表示 i，j 两城市的人口数；G_{i}，G_{j} 表示 i，j 两城市当年 GDP；A_{i}，A_{j} 表示两城市的行政面积；T_{ij} 表示 i，j 两城市之间的最短旅行时间。

其中，最短行车时间用于衡量城市间到达的便利性，相对于直线距离和公路距离，最短行车时间的构建类似于木桶效应，以省道、国道、高速公路、铁路的标准速度(60 km/h、80 km/h、100 km/h、110 km/h)为标准，最短行车方式对整体行车时间影响最大。利用 ArcGIS 计算各类道路的交通距离，如式 7-2 所示：

$$T_{\mathrm{ij}} = \frac{1}{1/\left(\frac{d_{\mathrm{ij1}}}{v_1}\right) + 1/\left(\frac{d_{\mathrm{ij2}}}{v_2}\right) + 1/\left(\frac{d_{\mathrm{ij3}}}{v_3}\right) + 1/\left(\frac{d_{\mathrm{ij4}}}{v_4}\right)} \tag{7-2}$$

式中：d_{ij1} 至 d_{ij4} 表示城市 i 和城市 j 之间的省道、国道、高速公路、铁路四种道路的距离；v_1 至 v_4 表示省道、国道、高速公路、铁路四种道路的标准速度；T_{ij} 表示 i，j 两城市之间的最短旅行时间。

(2)为了量化人口经济网络结构变化的影响，本书将对外经济联系强度作为量化网络结构影响的指标，对外经济联系强度指的是，该城市与研究区域内其他城市的经济联系强度之和，这一指标可以表明该城市在经济网络中的经济地位，地位越高，对其经济发展的贡献越大。为了提高区分度，本书在计算过程中设置了经济联系强度的临界值，只计算临界值以上的数值，这样可以降低网络的复杂程度，也不会损失过多的网络结构相关信息。在计算出各城市对外经济联系强度后，本模块将其导入空间系统动态模块中，供其更新空间要素变量。

5. 人口经济仿真决策评估模块实现

人口经济仿真决策评估模块主要用于分析和显示仿真结果，根据其功能设计，具体实现如下。

社会网络分析功能：本书主要利用社会网络分析方法对城市群经济网络进行网络分析，具体包括中心性分析、层次聚类分析等。利用 python 进行社会网络分析主要借助于 networkx 工具包，networkx 是一个第三方工具包，包含了基于 python 实现的社会网络分析功能。利用 networkx，可以实现构建网络分析网络等功能，并将其耦合到本书的框架中。

空间分析功能：本书利用空间分析功能研究区域内空间数据的分布情况，具体包括路径分析和空间自相关分析。虽然对于行政区划来说，每个城市的相对位置不会发生变化，但是由于每个城市的经济发展阶段和模式有很大的不同，其经济属性的价值会随着时间的推移而发生不同的变化，通过空间自相关分析，得出这种属性变化规律。本书使用 ArcGIS 提供的 python 接口 arcpy，arcpy 可以提供空间数据读取功能，也可以提供 ArcGIS 相关的空间分析功能。

空间数据可视化功能：主要是指空间网络结构和空间分析结果的可视化，主要使用上面的 networkx 和 arcpy 工具包。

由于整个框架是用 python 实现的，所以上述功能之间可以很方便地以数据交互或函数导入的形式相互耦合。

7.5 基于 Django 的动态空间仿真系统平台的设计与实现

7.5.1 仿真平台整体设计

为保证框架所具有的通用性与可用性得到显著提升，因此将其在基于

Django 的仿真平台内集成，该平台与设备并无关系，在移动设备以及 PC 设备上均可以应用，有利于提升操作的便捷性。该平台提供的交互界面简洁明确，在后台隐藏了真实的仿真过程，用户仅需简单操作便可进行相关仿真，无须阅读源代码，降低了对本框架的学习成本。

根据图 7-12 可知，该平台应用的架构形式即为，客户端-数据传输-服务器端-数据库，客户端界面是基于 CSS 以及 html 设计完成的，数据传输层则是基于 js 实现的，服务器端是基于 Django 完成的，数据库则是基于 MySQL 实现的。通过采用这种设计方式，能够保证平台的通用性与操作性得以提升。

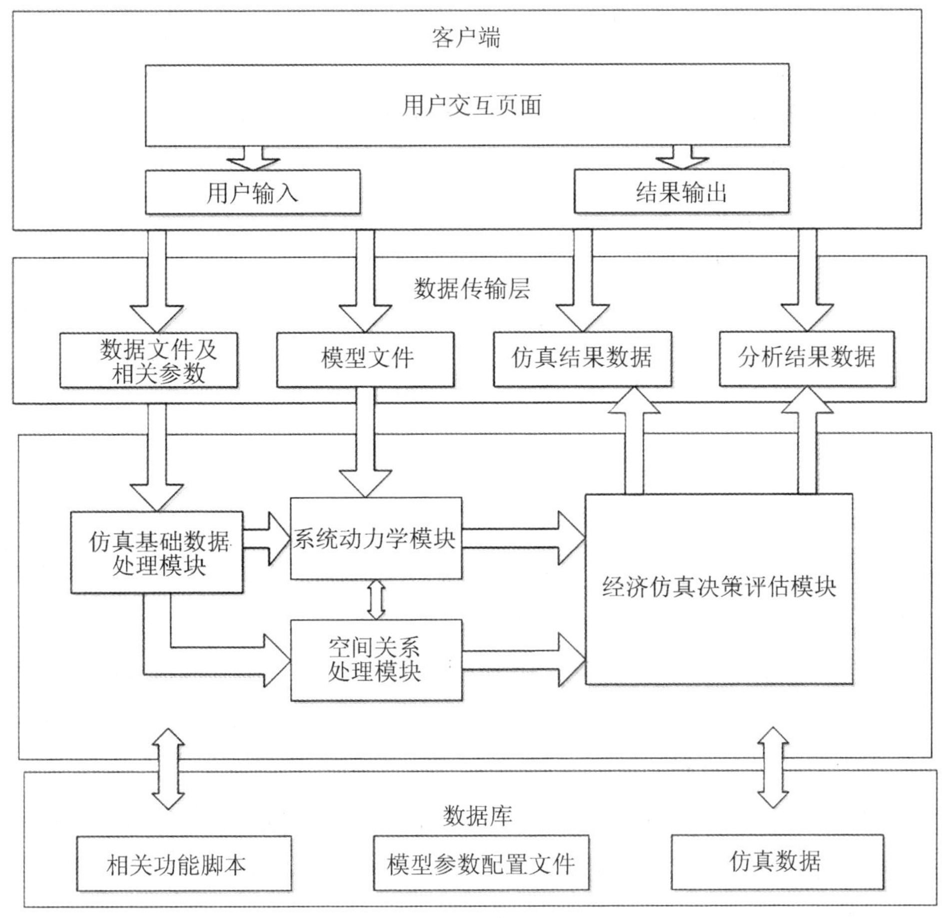

图 7-12　仿真平台整体架构

正如前文所述，针对客户端和服务器端而言，其所具有的功能需求具体如下所述。

(1)客户端。可以实现直接与用户交互的操作，所提供的功能有以下两项，即输入数据与输出数据，在前者中，则包含了仿真区域、模型文件、相关参数及历史数据等方面的输入，而后者主要包含了以下几个部分的输出，即分析结果数据以及仿真结果数据等。

(2)服务器端。可以提供的功能包括数据仿真、处理及分析。除此之外，也必须要具有相应的数据存储功能，例如配置文件、用户上传数据及仿真数据等。

通过对仿真平台客户端进行分析后发现，即为与用户实现直接交互的重要环节，因此，不仅要做到功能丰富，也必须要保证良好的易用性。使用Web终端实现用户交互操作，则具有许多的优势特征，例如多平台应用、便于操作处理等。

7.5.2　仿真平台客户端功能设计

通过进行用户仿真需求分析，其功能设计具体如下所述。

(1)登录与注册功能，在云端部署之后，必须要有效区分用户与用户数据，所以，用户在操作过程中，必须要完成注册与登录的操作，服务器接收由客户端校验通过的用户账号及密码。

(2)上传用户数据功能，所包含的操作主要有变量历史数据以及模型文件的上传，对文件名格式进行检查，顺利完成之后，将信息向界面反馈，基于城市列表文件明确具体的仿真区域，通过上传相应的空间数据文件从而呈现出相应的仿真结果。

(3)模型变量关系分析功能，用户上传模型文件后，服务器端接收到的模型文件会读取模型变量列表并返回客户端，然后客户端会以下拉框的形式显示，用户可以下拉选择相应的变量，并上传相应的历史数据，然后点击“开始拟合”按钮进行变量关系的拟合，拟合过程将在服务器端进行，拟合结果将保存在指定目录下。用户可以对不同的变量关系进行多次分析和拟合，并可以删除已经拟合的关系。

(4)仿真功能，在上传数据和拟合变量关系后，用户可以开始运行模型进行仿真，通过下拉框选择仿真开始时间和结束时间来控制仿真时间间隔，点击“开始仿真”按钮开始仿真。

(5)仿真结果的可视化，仿真结果分为时间序列数据和空间数据，时间序列数据通过线图显示，空间数据通过用户上传空间数据显示，每个仿真周期结束后会刷新可视化界面，实时显示每个仿真周期的仿真结果，并可回溯每个周期的数据。

(6)仿真结果下载，下载功能以 rar 文件的形式提供给用户，包括仿真数据和模型变量关系文件。

7.5.3　仿真平台服务端设计

经由客户端接收的用户上传数据最终传送到服务端，服务端使用基于 Django 的 python 程序接收数据，并调用相关功能脚本进行相关操作。

为了实现服务器端功能，需要实现服务器端程序，在运行过程中不断监听相应的端口，接收端口数据和信息并返回相应的返回值，将数据存储在数据库中，并在接收到用户获取命令时读取相应的数据，调用相应的函数脚本完成数据处理、仿真分析等功能，最后将结果返回给客户端。

根据以上分析，服务器端分为以下几个模块。

(1)启动页模块：当用户访问或启动仿真平台时(基于本地部署或云端部署)，服务器首先将启动页返回给客户端，供用户进行后续操作。

(2)数据存储模块：在接收用户数据时，需要分别保存不同类型的数据，例如，需要将后缀为 .mdl 的模型文件保存到指定目录，供其他功能模块调用；需要将仿真区域的历史数据以文件的形式保存到指定目录，需要将用户信息和配置信息保存到数据库，保存用户信息可以使仿真平台从本地平台扩展到云平台。

(3)变量关系分析模块：平台提供分析模型变量之间关系的功能，根据用户提供的历史数据，可以对指定的变量关系进行分析和拟合。

(4)仿真框架功能模块：用于在仿真框架中实现相应的功能，并将相应的功能以脚本的形式分别存放在相应的目录中。

(5)文档模块。为了帮助用户使用平台，编写操作文档和功能文档，当收到用户帮助命令时，将相应的文档返回给客户端，方便用户下载查看。

7.5.4 仿真平台数据库设计

动态空间经济仿真平台的数据库主要用于存储用户信息和用户仿真配置，两张表以 user_ id 为唯一主键进行关联，user_ id 在每个用户注册时随机生成，并保证与数据库中已有的 user_ id 不重复。选用 MySQL 作为仿真平台的数据库。

1. 用户信息表

当仿真平台部署在本地时，不需要识别用户，但当仿真平台部署到云端时，为了区分不同用户的数据和信息，需要识别不同的用户，所以设计了用户信息表来存储用户信息(表 7-3)，当用户第一次登录时，可以选择注册。在用户注册时将随机生成一个唯一的用户_ id，以识别用户，并根据该 id 在服务器目录下生成相应的用户目录，以保存用户上传的模型文件和历史数据。

表 7-3　用户信息表字段简介

字段	字段解释	是否必填	备注
user_ id	唯一标识符	是	主键，用户注册时，系统自动生成
user_ name	用户名	是	由用户注册时填写
password	用户密码	是	由用户注册时填写

2. 仿真配置表

用户在仿真前需要对仿真模型进行设置，设置的内容以参数的形式保存在仿真配置表中，包括变量关系保存路径、模型文件保存路径、模型数据保存路径和仿真结果保存路径(表 7-4)。

表 7-4　仿真配置表字段简介

字段	字段解释	是否必填	备注
user_ id	唯一标识符	是	主键，用户注册时，系统自动生成
variable_ relation_ path	模型变量关系保存路径	否	在用户进行变量关系拟合时，根据模型名自动生成

续表

字段	字段解释	是否必填	备注
model_ data_ path	用户上传数据的保存路径	否	用户上传数据时自动生成
simulation_ result_ path	仿真结果保存路径	否	仿真开始时系统自动生成
model_ path	用户上传模型的保存路径	是	由用户 user_ id 时自动生成

7.5.5　基于 python 脚本的服务端功能调度实现

服务器的功能是分模块的，所以需要对功能进行整体调度，才能实现完整的功能。因此，需要一个根据仿真过程调用相关功能脚本的调度器，其主要功能如下。

1. 接收用户上传的数据并按类型进行划分

调用数据存储模块功能，将模型文件和研究区历史数据分别存储在指定位置，并将配置信息存储在数据库中，方便后续数据处理和调用。

2. 数据处理

调用基础仿真数据处理模型功能脚本对历史数据进行处理和分析，包括变量关系分析和上述其他功能，其中变量关系所使用的模型(多元线性模型或神经网络模型)由用户上传的配置参数决定。

3. 系统动力学模型与空间关系处理模块交互的模拟仿真

调度器在启动仿真时，调用系统动力学模块和空间关系处理模块的脚本，将每年的仿真结果以时间序列的形式保存下来。

4. 网络分析

根据用户指定的方法对仿真数据进行空间分析，包括下一节中使用的中心性分析和层次聚类分析，并将分析结果保存到相应的目录下，供客户端显示和用户下载可视化分析。

7.5.6　仿真平台各页面设计与实现

根据功能设计，仿真平台的客户端页面主要分为三个页面：初始页面、文件上传与模型设置页面、仿真与可视化页面。其中，初始页面主要有注册登录、功能引导等功能，文件上传与模型设置页面主要有用户模型数据文件上传、模型变量关系分析等功能，放置与可视化页面主要有仿真与模拟三个页面共同构成了仿真平台的主要功能，如表 7-5 所示。

表 7-5　客户端各页面简介

页面名称	页面功能	备注
HOME	1. 平台主页 2. 用户登录与注册 3. 功能选择 4. 帮助文件	初始页面
UPDATEMODEL	1. 上传模型与数据 2. 拟合变量关系	数据处理、模型预处理
SIMULATION	1. 动态仿真 2. 仿真结果可视化 3. 仿真数据下载	仿真平台主要功能页面

该仿真平台采用 HTML，CSS 和 JavaScript 前端技术进行客户端开发，其中，HTML 用于网页内容的展示和网页结构，CSS 用于调整和美化网页样式，JavaScript 用于处理客户端的逻辑函数和与服务器的交互。

(1)开始页面，开始页面的主要功能是登录和注册、功能导航和帮助文档，因此，在页面底部增加一个导航栏，如图 7-13 所示，供用户直接访问，同时，如果没有登录，在点击登录按钮或其他功能按钮时，会跳转到登录界面，首次使用的用户可以选择注册账号，如图 7-14 所示。

图 7-13　客户端初始页面

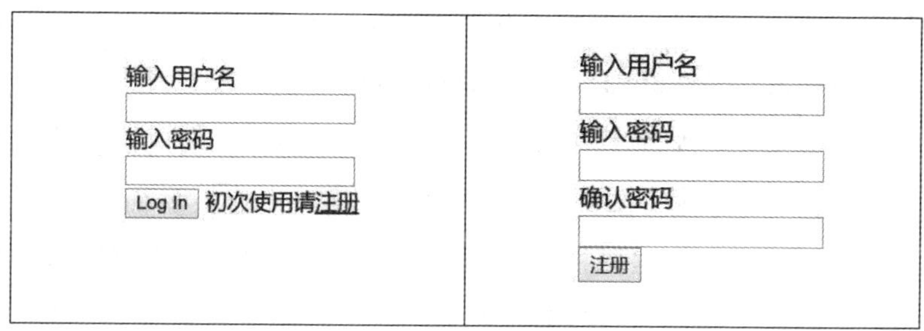

图 7-14　客户端登录与注册页面

(2)数据上传和模型设置页面，UPDATEMODEL 页面分为两部分，左边是模型区，包括模型上传和选择下拉框、选择拟合变量的复选框和各种功能按钮，右边是数据区，包括变量历史数据上传、拟合结果的可视化和拟合结果的下载。如图 7-15 所示，用户在模型列表中选择模型或输入点击加载读取模型变量列表中的模型变量，点击添加将变量添加到自变量或因变量区域，点击开始拟合将选定的变量关系拟合并保存，点击下载，下载拟合结果，拟合结果是以 . m 为后缀的模型文件。. m 后缀的模型文件，以 zip 格式打包。在上传的数据中，对应的数据文件名必须与对应的变量名相同，以保证能够正确读取，各变量数据所包含的面积必须与用户上传的空间数据相同并对应。

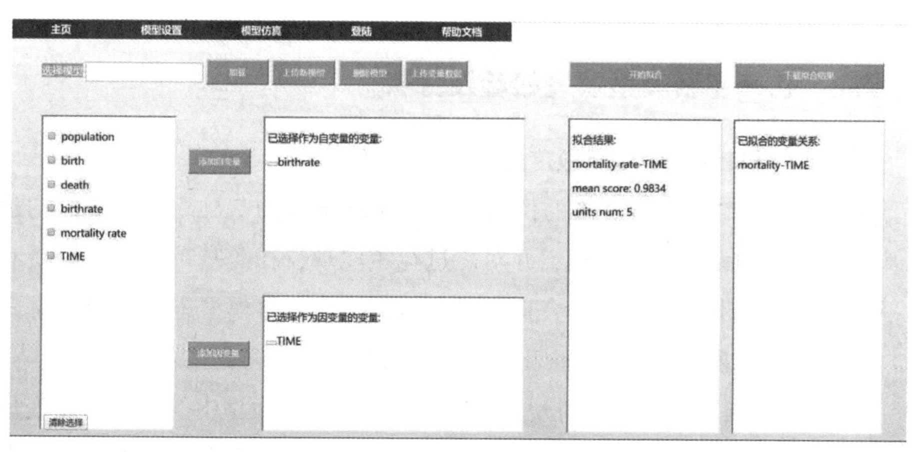

图 7-15　客户端数据上传与模型设置页面

(3)仿真与可视化页面，SIMULATION 页面是仿真平台的主要功能页面，提供仿真平台的仿真功能，主要分为仿真操作区和仿真结果可视化区，仿真操作区提供仿真参数设置功能，仿真结果可视化区提供仿真结果可视化功能，包括空间数据可视化和时间序列数据可视化，如图 7-16 所示在仿真过程中。可以选择需要查看的年份(已模拟)，空间可视化界面将显示相应年份的空间分析结果，在时间序列数据可视化界面中，可以选择指标在时间序列数据可视化界面中，可以选择指标和城市，查看其模拟时间序列数据，模拟完成后，点击下载模拟结果按钮，下载模拟结果数据。

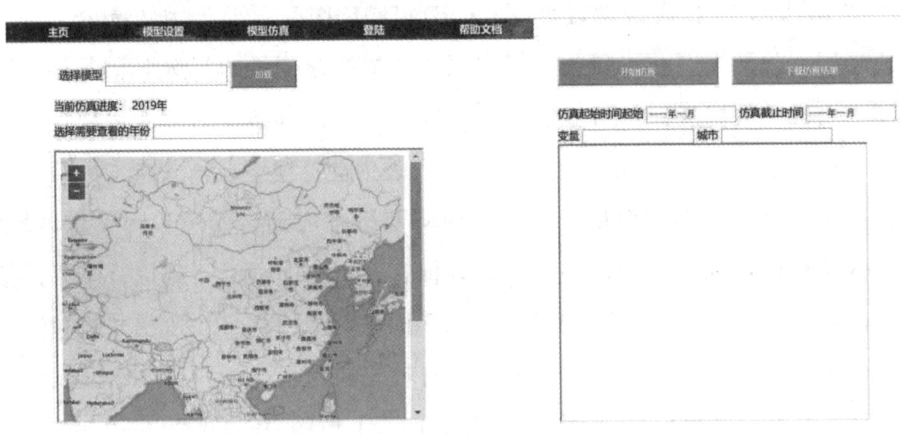

图 7-16　客户端仿真页面

7.6　仿真平台模型误差检验及分析

7.6.1　现实性检验和灵敏度分析

在上述对人口政策与经济的仿真平台的实现设计的基础之上，我们构建了基于 Django 的系统仿真系统，并对之进行了实现，在此基础上，我们要对本平台和系统设计进行现实的检验。在对本系统动力学模型进行数值测试之前，需要对模型进行现实性检验和灵敏度分析。

(1)现实性检验：模型是对现实经济系统的模拟，模型中的变量以及变量之间的关系必须是对现实系统的模拟，因此，变量必须符合现实的规律，例如，GDP 人口等指标不能为负，增长率需要在合理的范围内等。如果这些规律被打破，就意味着模型结构或变量关系设置有问题。经过约束检验(指对模型施加约束，一旦变量在仿真过程中突破约束，则停止仿真，视为未通过检验)，发现各城市的模型变量没有出现非现实的变化，所以通过现实性检验。

(2)灵敏性分析：模型须具有较高的鲁棒性，不应对变量值的变化产生过激反应，因此需要对模型进行灵敏度分析，本书通过增加各投入产出比的值，观察各变量的变化，发现主要变量的变化在可控范围内，即模型的主要变量对其他参数的变化不敏感，模型具有较高的鲁棒性和稳定性。

7.6.2　主要人口经济指标误差

本书选取能够代表经济发展的人口、GDP、固定资产投资和科技水平，通过比较仿真值与实际值的差异，分析其模拟误差，来评价模型模拟的准确性，由于城市数量较多，只分析总体误差以及部分主要城市的误差。

(1)仿真总体误差，其中各城市历年误差平均值为 GDP 为6.235 6%，人口为8.856 4%，固定资产投资为7.856 5%，科技水平为7.395 2%，GDP 实际值与仿真值的协方差(归一化后)为0.018 123，人口为0.006 089 7，固定资产投资为0.002 461，科技水平为0.004 562。各项指标的平均误差率较低，协方差较小，说明该模型对城市经济系统发展的仿真精度较高，能够满足各城市经济发展的仿真需求。

(2)部分主要城市的误差，由于篇幅所限，本书选取了北京和上海两个直辖市和部分省会城市进行误差分析，通过分析可以发现，GDP 和科技水平的误差率主要集中在仿真初期，主要是因为 2003 年至 2008 年前后年鉴中的相关统计值波动较大。且模拟中后期各指标的误差率处于较低水平模拟中后期各指标的误差率处于较低水平，说明该模型不仅对整体模拟有较高的精度，而且对单个城市的模拟也有较高的精度，能有效模拟不同城市的发展。

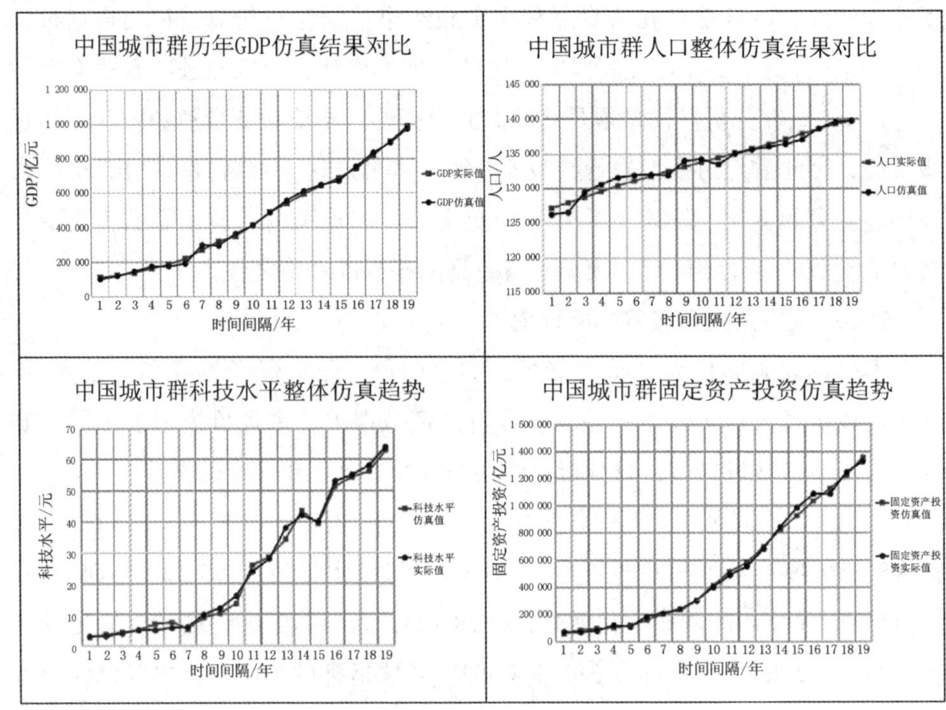

图 7-17　主要人口经济指标仿真趋势对比图

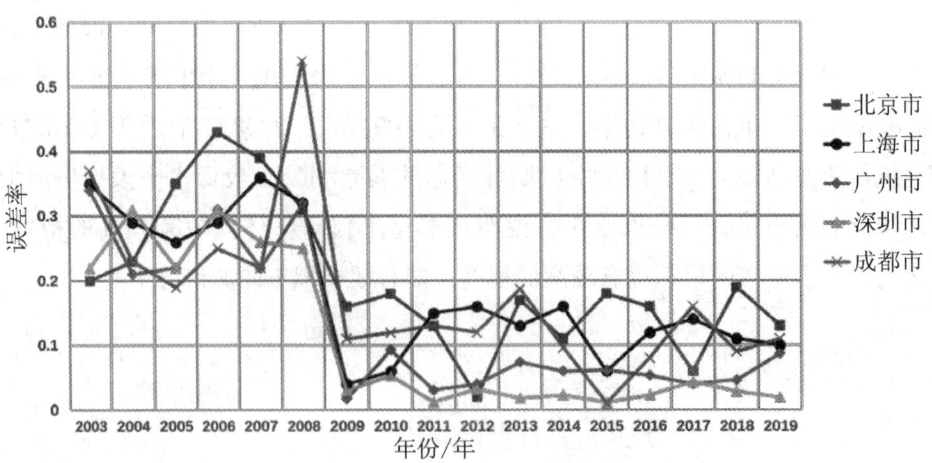

图 7-18　部分城市 GDP 仿真误差率

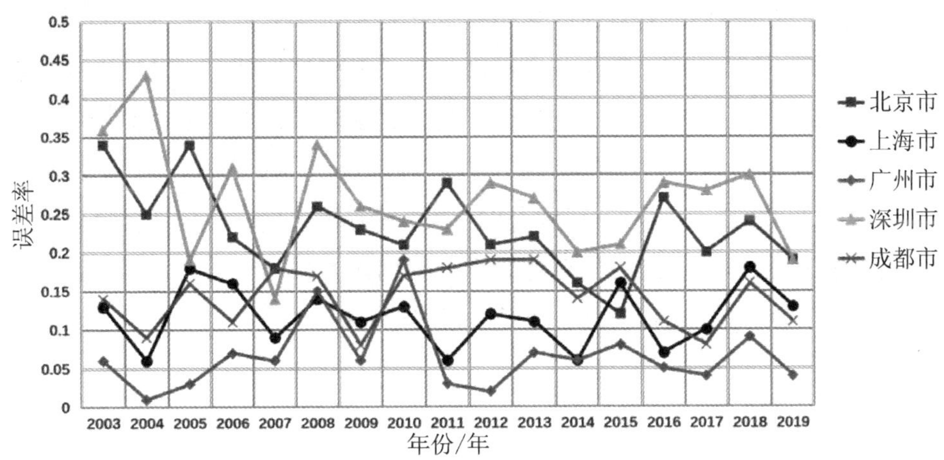

图 7-19　部分城市人口仿真误差率

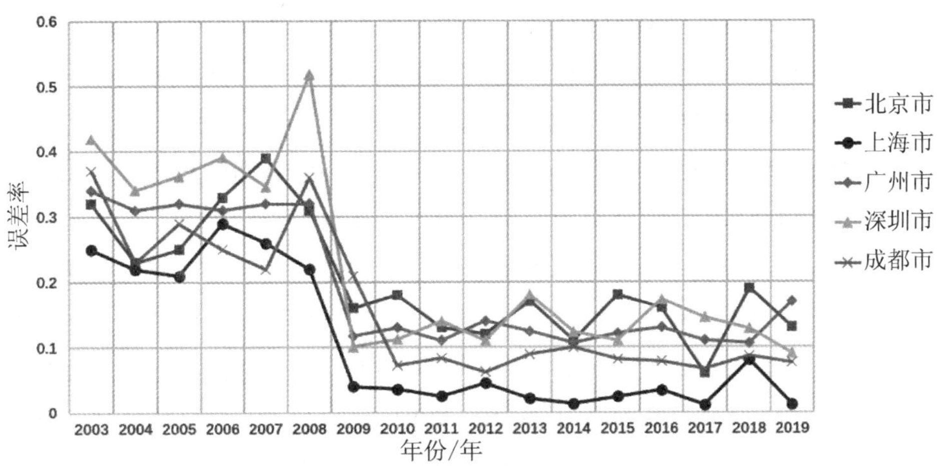

图 7-20　部分城市科技水平仿真误差率

7.6.3　空间结构误差分析

本书提出的动态人口空间经济仿真框架能够有效模拟经济系统的经济网络结构变化，为了验证这一点，以 2004 年、2009 年、2014 年、2019 年的实际数据和模拟数据为基础，利用该框架的仿真决策评价模块的空间分析功能，对中国城市群进行层次聚类分析，并通过比较层次聚类结果的差异，分析模型对空间变化的仿真误差。

从聚类结果来看，除部分数据难以获取地区以及港澳台之外，大多数城市都被正确分类，并且仿真数据空间结构变化趋势与实际数据的变化趋势基本一致，以实际数据为准，整体仿真精度达到了 90%，因此可以认为，框架较好地模拟了研究区域的空间变化趋势，仿真精度较高，可以作为空间结构仿真模型使用。

基于以上仿真结果数据分析与实际数据没有较大偏差，且误差率在设计范围之内，因此下文将通过使用仿真平台对国内人口政策与教育经济的空间维度城市群演化特征进行仿真，并对结果进行分析。

7.7 小结

空间系统动力学是当前研究社会经济问题当中很重要的一种经济仿真方法，它直接把经济属性问题和地理空间属性相结合，极大地扩展了经济研究问题的维度。本书依据空间系统动力学的仿真原理，构建了一个空间系统动力学人口经济仿真模型，该框架分为仿真基础数据处理模块、系统动力学模块、空间关系处理模块和经济仿真决策评估模块，其中系统动力学模块和空间关系处理模块是该框架的核心模块。与传统的系统动态仿真方法相比，本书以研究区内部单元为基本仿真单元，建立批量变量分析脚本，批量初始化城市模型，并在模型中耦合空间要素影响，利用空间关系处理模块中的改进引力模型公式建立区域经济网络，并计算外部经济联系强度作为空间影响要素值，通过数据交互和数据实现系统时间序列的仿真，通过数据交互和数据类型转换实现系统时间序列变化和空间变化的动态仿真。模块化设计使框架通过函数调用实现了系统动力学模型与空间影响要素之间的动态交互，同时也将各模块的功能进行了分离，便于后续功能的扩展和开发，如系统动力学模型的替换、空间影响要素计算公式的替换等，大大提高了框架的通用性和实用性。

利用本书提出的框架设计并实现了我国人口经济的仿真模型，对我国人口经济的发展和空间结构变化进行仿真，通过对经济系统进行边界分析和变量关系分析，建立通用初始模型，然后利用批处理脚本将通用模型初始化为各个空间基本模型。通过模型测试后，对经济数据进行了趋势分析，在此基础上对空间数据进行层次聚类分析和网络联系结构分析，对仿真结果进行讨论和研究。

本书基于 Django，设计并实现了动态空间人口经济发布平台，提高了本书仿真框架的通用性和实用性。仿真平台的设计和实现采用客户端-服务器的结构。在平台的前台，主要实现用户数据输入和模型文件输入，以及仿真结果和分析结果的输出。在后台服务器端，框架的主要功能仍以模块的形式集成。用户可以通过选择数据文件和模型文件上传到服务器，服务器接收到数据文件和模型文件后，按照前文所述的流程调用相应的功能脚本，然后根据用户的选择对仿真结果进行分析和可视化。

第8章　基于空间系统仿真的我国人口政策与教育经济分析

8.1　基于相关指标属性的系统仿真分析

基于空间系统动力学的人口经济仿真框架研究的基础上，本书对我国人口政策与教育经济发展进行仿真分析。首先进行基于相关指标属性的系统仿真分析，其中涉及人口、教育、科技、环境、资源能源、空间结构六个子系统。在建立模型时，预设了各种系数来调节相应的指标，如将教师投入产出比用于调节教师方面的教育投入，将环境保护政策用于调节环境保护对各领域的影响，将固定资产建设能耗比、固定资产建设污染物产生率用于调节技术水平对能耗和污染水平的影响，因为技术水平的提高可以提高能源利用率和污染物处理率，从而降低能耗和污染水平。

本书选择一个正向指标和一个负向指标进行仿真，其中正向指标指的是直接促进经济发展的指标，如固定资产投资、教育投入、科技投入等，负向指标指的是对相关属性起负向作用的指标。根据柯布道格拉斯生产函数，影响产出的主要因素是技术水平、资本和人力。由于人力资本的变化还涉及人口和年龄结构的变化，而技术水平的变化相对不敏感，因此选择资本作为正向指标进行调控仿真，本书将其反映为固定资产投资。在负向指标中，环境政策变量是最基本的变量，调整环境政策会对环境子系统的其他指标产生影响，所以选择环境政策作为负向指标进行调控仿真。

基于以上论述，本书选择 GDP、人口作为可视化结果显示，以固定资产建设能耗比和环保政策两个指标作为调整指标，同时设置三个不同层次的固定资产投资作为对比，以线型图的形式将仿真数据可视化。虽然仿真时间越长，模型的仿真误差越大，其仿真结果的可信度也会不断降低，但通过改变模型仿真条件，设置不同的发展情景，可以观察到模型主要指标的变化趋势，预测和分析人口经济系统的发展趋势，从而提出相关政策建议。如图 8-1 所示。

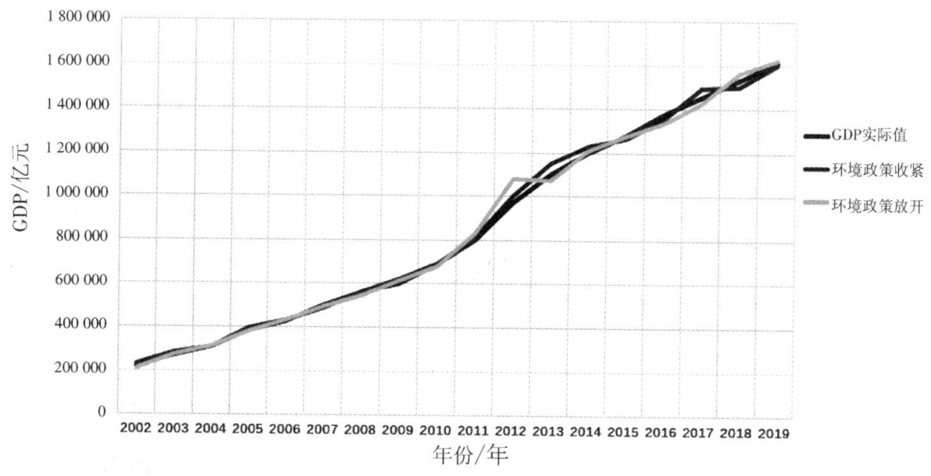

图 8-1　环境政策调控 GDP 趋势图

8.1.1　环境政策调控对经济和人力资本的影响

本书还通过不同的环境政策，比较不同的环境政策对经济体系的影响。严格的环境政策会限制投资建设和资源消耗，从而限制经济发展，但可以改善环境，减少污染，改善生活环境，结合医疗卫生事业的发展，提高人口出生率，降低人口死亡率，从而增加人力资本。

根据仿真结果，相对于宽松的环境政策，相对严格的环境政策会降低 GDP 的增长，但是人力资本却得到了有效的提高，人力资本是经济发展的重要因素，同时，以人为本是社会进步的象征，所以从长远来看，实施减少污染的环境政策有利于社会的整体发展。环境政策调控人力资本趋势图如图 8-2 所示。

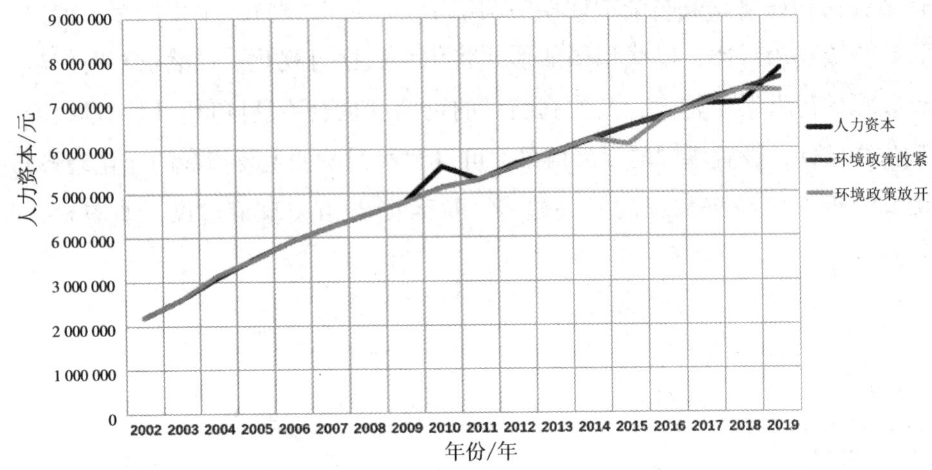

图 8-2　环境政策调控人力资本趋势图

8.1.2　能源政策调控对经济发展的影响

仿真结果表明，降低固定资产建设能耗比可以有效提高能源利用率，从而提高经济发展水平，作为对比，提高固定资产投资水平也可以提高经济发展水平，但平均而言，能耗比每降低一个百分点可以提高 4.429 3%的 GDP，而固定资产投资每增加一个百分点可以提高 5.850 9%的 GDP。增加固定资产投资带来的 GDP 增长高于降低能耗比，但是提高固定资产投资比例会显著提高污染物排放量从而降低环境水平，而降低能耗比依赖于技术水平的提升，对环境没有明显的副作用，反而会因为能源消耗的降低，提高环境水平，因此，发展技术水平，提高能源利用效率，是提高经济发展水平，促进经济稳步发展的有效方法。

总体来说，根据固定资产建设耗能率与固定资产投资调控对比，可以看出直接鼓励固定资产建设可以显著刺激经济发展，相对地，通过提高技术水平来降低能耗对经济的刺激较小，但是提高固定资产建设带来的高能耗以及环境污染长期下来会对整个社会经济发展带来更负面的影响，提高技术水平则相反，短期内对经济的刺激较小，但长期来看对社会经济发展的影响更深远。对于环保政策来说，较为宽松的环保政策更有利于短期内经济增长，但会带来更严重的环境污染，从而对人口以及人力资本产生负面影响，因此提高技术水平、推行更严格的环保政策，可以从长上远更有利于社会整体发展。如图 8-3 所示。

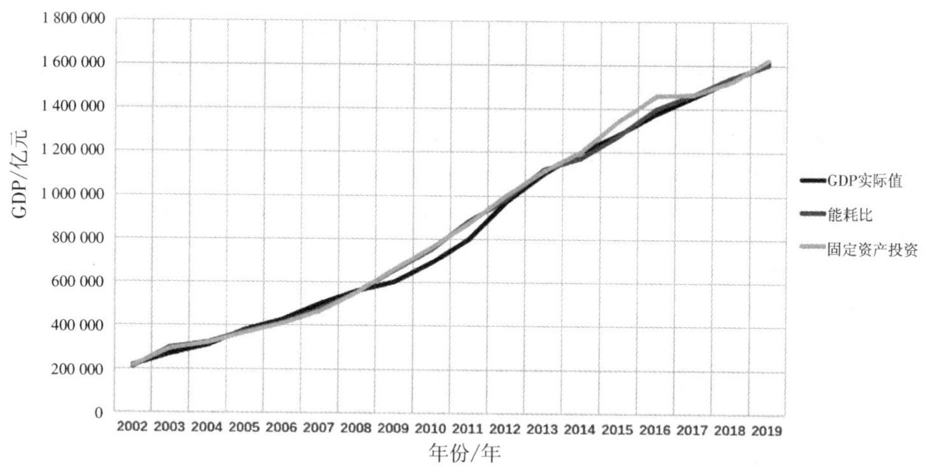

图 8-3 仿真指标调控 GDP 趋势图

8.2 基于空间维度的人口经济数据仿真分析

8.2.1 空间维度的城市群人口经济评价指标

通过国家几十年的发展，截止到 2020 年底，作为本书空间研究对象单元的六大城市群中的长江中游城市群、成渝城市群、中原城市群和长江三角洲城市群都已经成为国家发改委正式批复的国家级城市群，其中，珠江三角洲城市群和京津冀城市群位置处于国内较为发达的东部地区，是国家区域发展中的重要地区。珠江三角洲城市群、京津冀城市群和长江三角洲城市群是我国经济发展最有活跃力、创新能力最高、开发程度最高、最吸引外来资金和人才的地区。通过对 2020 年十大城市群发展的相关数据进行统计，对其城市群面积、人口、地域属性、经济、产业结构等总体特征数据进行分析，作出了表 8-1。根据表 8-1 可知，截止到 2020 年，经济上，长江三角洲城市群>京津冀城市群>珠江三角洲城市群>长江中游城市群>中原城市群>成渝城市群；人口上，中原城市群>长江中游城市群>长江三角洲城市群>成渝城市群>

京津冀城市群>珠江三角洲城市群。长江中原城市群人口空间结构分布最稀疏，经济密度也为最低，中原城市群人口空间结构分布密度最大，长江三角洲城市群的经济密度则是居于六大城市群榜首，虽然从行政区域面积比来看，这六个城市群总体行政面积较小，地级城市节点未达到全国城市节点一半，但是这六个城市群经济总量却占据了全国经济总量的主体。因此，通过对六大城市群的演化特征进行研究分析，能够对我国人口经济发展现状提供有利的数据支持。

表 8-1　六大城市群发展概况(2020 年)

城市群	行政区域面积/km²	GDP/亿元	人口/万人	产业结构			所属地区
				第一产业增加值/亿元	第二产业增加值/亿元	第三产业增加值/亿元	
长三角	213 103	152 532	14 002	5 655	69 274	80 026	东、中部
京津冀	214 863	84 260	11 011	4 021	29 453	46 412	东部
珠三角	120 706	78 235	6 135	2 174	32 521	40 129	东部
成渝	239 552	51 351	11 246	4 681	22 831	21 135	西部
中原	275 125	67 215	19 762	7 013	29 820	24 756	东、中部
长江中游	344 152	73 843	14 021	6 813	35 013	29 804	中部

数据来源：根据《中国城市统计年鉴》、《中国统计年鉴》及百度百科等资料、整理计算得到。

同时随着城市空间不断的发展变化，城市群中各个城市节点之间的联系和紧密度也在不断演化，本书通过空间模块相关功能，对城市群中各个城市节点之间的紧密度和中心度进行测算，基于此来对城市群空间格局演化特征进行分析。主要使用经济联系强度构建经济联系网络，通过以下三个方面进行分析。

(1)中心度分析：中心度用于反映网络的中心，中心度值越高说明节点在网络中的地位越高，越处于中心地位。(2)经济联系网络结构分析：包括对网络密度变化、联系强度网络分析等。(3)层次聚类分析：根据联系强度划分的层次聚类，可以反映网络内部实体之间的结团划分，这种划分代表了实体之间联系的紧密程度。

本书通过计算 2010—2020 年六大城市群中经济和人口空间格局的帕累托指数、mono 指数，来对这六大城市群的空间结构演化特征进行分析，并作出相对应的演化特征趋势图进行视图化的分析，其中六大城市群经济空间机构分布的帕累托指数、mono 指数分别如表 8-2 所示，其演化特征趋势图如图 8-4、图 8-5 所示。

表 8-2　六大城市群人口要素空间格局的帕累托指数和 mono 指数

帕累托指数								
城市群	年份							
	2021	2023	2025	2027	2029	2031	2033	2035
京津冀	1. 393	1. 415	1. 402	1. 435	1. 442	1. 462	1. 470	1. 450
中原	0. 712	0. 742	0. 734	0. 726	0. 745	0. 734	0. 746	0. 755
长江三角洲	1. 141	1. 156	1. 171	1. 160	1. 184	1. 165	1. 176	1. 180
成渝	1. 120	1. 345	1. 325	1. 132	1. 235	1. 186	1. 176	1. 165
长江中游	0. 913	0. 922	0. 934	0. 943	0. 926	0. 910	0. 932	0. 918
珠江三角洲	1. 230	1. 367	1. 596	1. 523	1. 486	1. 465	1. 456	1. 530
mono 指数								
城市群	年份							
	2021	2023	2025	2027	2029	2031	2033	2035
京津冀	1. 624	1. 834	2. 012	2. 152	2. 053	2. 156	2. 231	2. 241
中原	0. 746	0. 812	0. 864	0. 923	1. 080	1. 153	1. 126	1. 185
长江三角洲	2. 125	1. 981	2. 396	2. 010	2. 582	2. 430	2. 564	2. 612
成渝	1. 767	1. 861	1. 620	1. 911	1. 646	1. 571	1. 832	1. 923
长江中游	0. 715	0. 701	0. 685	0. 672	0. 831	0. 948	0. 750	0. 539
珠江三角洲	1. 356	0. 923	0. 762	1. 132	1. 263	1. 480	1. 492	1. 590

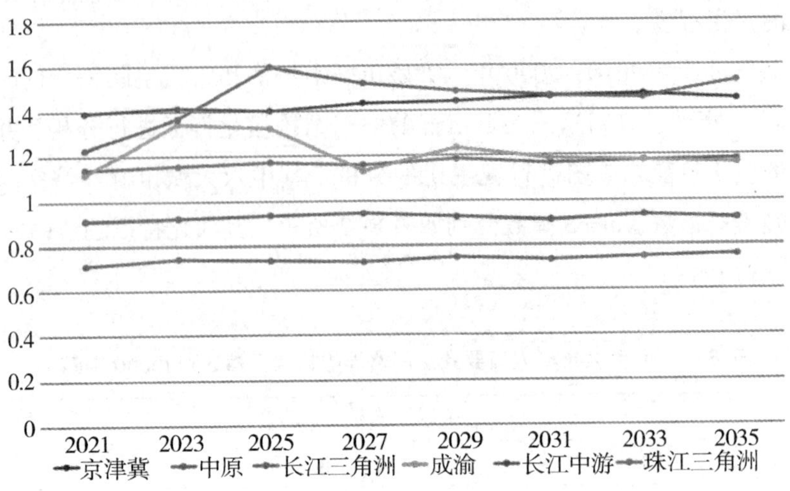

图 8-4　六大城市群经济要素帕累托指数变化趋势图

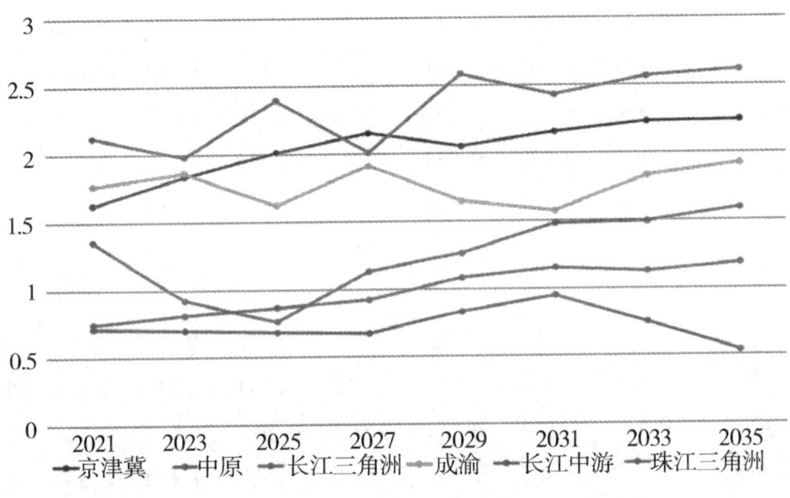

图 8-5　六大城市群经济要素 mono 指数变化趋势图

1. 帕累托指数

城市群中城市节点之间的紧密度和节点中心度在整个城市群的演化特征中占据重要地位，本书通过使用位序-规模法则对整体城市群的空间分布规模进行测算，且采用帕累托指数来测算城市群中城市节点的中心性，根据位序-规模法则的含义：

$$P_{Bi} = AR_i^{-q} \tag{3}$$

其中，P_{Bi} 为城市节点 i 的空间要素规模；R_i 是城市节点 i 在所属城市群的位序；q 则为帕累托指数。在测算过程中，一般讲上述方程式的两边直接对数变换为 $ln\ P_i = C - q\ \ln R_i$，在此公式中，C 为常数，对 C 进行 OLS 回归就可以得到 q 值，如果最终得到的 q 值得绝对值接近 1，说明此城市节点整体的空间结构分布相对均匀，其城市节点规模分布与齐普夫定律相似；如果得到的绝对值结果小于 1，表明此城市节点整体的空间结构分布相对比较分散，趋于多中心分布的趋势；反之，如果得到的绝对值结果大于 1，说明城市节点整体的空间结构分布相对比较集中，趋于单中心分布的趋势。

2. mono 指数

因本书研究的多个城市群中城市节点数目都不相同，因此将采用 mono 指数来分析城市群中主要城市节点空间分布结构的单中心程度。mono 指数是通过计算城市群中城市发展规模前两位、前三位、前四位城市节点的 q 的平均值作为结果。

8.2.2　基于人口要素的空间演化特征仿真

根据 2020 年世界卫生组织发布的《2020 年世界卫生统计》，调研发现目前中国人平均寿命 76 岁，在国家开发二孩的政策上，每年净增加的人口数量依旧保持在一个较高的水平线上，人口要素在所有城市群的演化特征中都是不可或缺的组成部分，基于此通过空间系统动力学对人口因素对城市化群演化特征的影响进行分析。

表 8-2 中为通过公式所得六大城市群的人口空间结构分布的帕累托指数和 mono 指数，根据表 8-2 中的数据作出相对应的帕累托指数变化趋势图和 mono 指数变化趋势图如图 8-4、图 8-5 所示。根据表 8-2 中的帕累托指数来看，在未来十五年城市群发展演化特征中，京津冀城市群、长江三角洲城市群、珠江三角洲城市群和成渝城市群人口空间结构分布趋于单中心分布，四个城市群帕累托指数均大于 1，而中原城市群和长江中游城市群的人口空间结构分布则表现出趋于多中心分布特征，其帕累托指数均小于 1。由图 8-5 进行分析，长江三角洲、成渝城市群的人口空间结构分布的中心性弱于京津冀、珠三角城市群。中原城市群、长江中游城市群、长三角城市群和京津冀城市群的人口空间结构分布呈现出稳定的单中心分布趋势其中京津冀城市群的帕

累托指数从2021年的1.393稳步上升到2035年的1.450，表明大体上京津冀城市群的单中心性逐年稳步增强；长江中游城市群从2021年到2035年表现出多中心性逐渐增强的趋势；京津冀城市群和成渝城市群人口空间结构分布的单中心性则是呈现出波动性变化。从整体上看，十大城市群人口空间结构分布的中心性均趋于稳定。

从mono指数及其演化趋势方向来看，大部分城市群内部主要城市节点的人口空间结构分布的单中心程度有较大幅度的波动，长江三角洲城市群、成渝城市群和珠江三角洲城市群内部主要城市节点大的人口空间结构分布则是呈现出波动性的上涨，中原城市群和京津冀城市群人口格局表现出单中心逐步加深的趋势，而长江中原城市群则表现出n型单中心演化趋势。长江三角洲城市群、京津冀城市群和成渝城市群内部主要城市节点的人口空间结构分布都呈现出单中心分布的趋势，中原城市群内部主要城市节点人口空间结构则表现出多中心分布的趋势，珠江三角洲城市群内部主要城市节点空间结构在2025年、2028年呈现多中心分布结构，而长江中游城市群在2028年、2030年表现出单中心分布结构。2030年之后，京津冀城市群的单中心呈现出下降趋势，其余城市群均呈现出稳定态势。综合帕累托指数和mono指数进行分析，无论是从城市群整体或者是城市群中内部主要城市节点，中原城市群的人口空间结构分布都呈现出多中心分布的态势，而长江三角洲城市群、成渝城市群和京津冀城市群的人口空间结构分布都表现出单中心分布。

8.2.3 基于经济要素的空间演化特征仿真

从帕累托指数角度来看，在未来十五年的发展趋势中，除了中原城市群、哈长城市群、辽中南城市群中的城市节点经济呈现出多中心分布趋势外，京津冀、山东半岛、长江三角洲、长江中游、成渝、海峡西岸、珠江三角洲城市群的经济空间格局都呈现出单中心分布；从图8-6可以看出，十个城市群未来十五年经济空间格局分布的中心性(q值)由大到小依次呈现出四个等级，分别是京津冀城市群和珠江三角洲城市群、长江三角洲城市群和成渝城市群、长江中游城市群、中原城市群。在这六大城市群中，京津冀城市群经济空间结构分布的中心性在这十五年以来呈现出缓慢上升的趋势，其中珠江三角洲城市群却在未来一段时期显现出缓慢下降的趋势，其余的五个城市群的经济空间结构分布在未来十五年的发展中大体上呈现出稳定的演化趋势。根据分析结果得出的结论来看，京津冀城市群未来节点城市发展是以北京市为单中心分布发展，缘由还是北京市作为中国首都，本身就拥有着巨大的影响和吸引力，要进一步提升京津冀城市群的发展空间，就需要向周边节点城市提供更多的资源和政策支持，推动京津冀城市群协同发展。

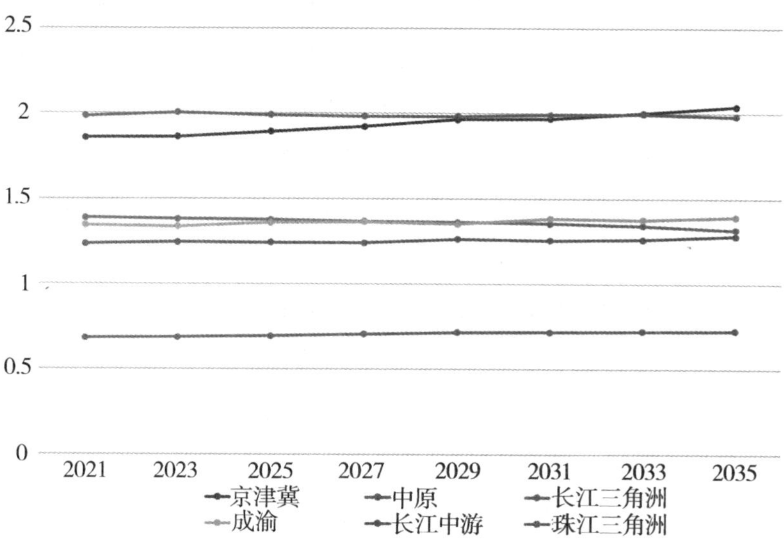

图 8-6　六大城市群经济要素仿真帕累托指数变化趋势图

另一方面，从 mono 指数角度方面来看，从表(表 8-3)和图(图 8-7)综合来分析，未来十五年的演化特征中，六大城市群经济要素空间结构分布的单中心特征中表现出较为明显的上下波动和数据差异。从图中可以看出，未来十五年内六个城市群经济要素空间结构分布的单中心程度演化出了两种完全不同的发展趋势：珠江三角洲、成渝和中原城市群中心程度呈现出明显的缓慢上升趋势，京津冀城市群、长三角城市群和长江中原城市群单中心程度则是呈现出明显的逐年下降趋势。京津冀城市群和长江三角洲城市群中经济要素空间结构分布依然呈现出比较明显的单中心分布，即单中心程度依旧较强，原因则是因为在国内，北京和上海依然是经济发展处于超一线的城市，经济发展迅速，经济实力强劲，因此经济聚集现象一直很明显且持续，不过长江三角洲城市群经济因素分布单中心程序却在表现出逐年下降的趋势。与上述城市群经济因素空间结构分布不同的是，珠江三角洲城市群中主要城市节点的经济因素空间结构分布为多中心均衡发展，单中心程度相对较弱，这是与珠江三角洲的经济格局有着密切关系，珠江三角洲城市群基本形成以广州、深圳、东莞三市为首的经济发展格局。成渝城市群经济因素空间结构分布的单中心程度则是表现出曲折上升的趋势，原因可能在于成都和重庆之间的双核联动发展的经济模式。中原城市群中主要城市节点的经济因素空间结构格局从2020年开始从以前的多中心分布逐步发展转变为单中心分布，从图中可以看出，中原城市群的mono指数在逐年稳定的增加，表现出中原城市群不断发展建设带来的极化反应。另一方面，长江中游城市群主要城市节点的经济因素空间结构分布的中心性在持续不断的小幅度下降，并在未来十五年中，呈现出由单分布向多中心分布的趋势，这与长江中游城市群内部经济不断持续发展以及形成环长株潭城市群和武汉都市圈的经济发展格局息息相关。

表8-3　六大城市群经济要素空间格局的帕累托指数和mono指数

帕累托指数								
城市群	年份							
	2021	2023	2025	2027	2029	2031	2033	2035
京津冀	1.856	1.862	1.894	1.923	1.965	1.970	2.003	2.041
中原	0.679	0.684	0.691	0.703	0.713	0.715	0.719	0.723
长江三角洲	1.384	1.377	1.375	1.366	1.360	1.353	1.342	1.317
成渝	1.342	1.334	1.356	1.362	1.350	1.383	1.376	1.391
长江中游	1.231	1.242	1.240	1.239	1.261	1.254	1.260	1.281
珠江三角洲	1.984	2.005	1.990	1.984	1.983	1.993	1.997	1.983
mono指数								
城市群	年份							
	2021	2023	2025	2027	2029	2031	2033	2035
京津冀	1.343	1.265	1.494	1.423	1.256	1.570	1.303	1.441
中原	0.856	0.864	0.921	1.109	1.323	1.410	1.465	1.469
长江三角洲	1.384	1.377	1.375	1.366	1.360	1.353	1.342	1.317
成渝	1.556	1.561	1.652	1.698	1.756	1.795	1.823	1.956
长江中游	1.556	1.423	1.425	1.402	1.321	1.318	1.303	1.281
珠江三角洲	0.746	0.703	0.633	0.612	0.523	0.484	0.472	0.360

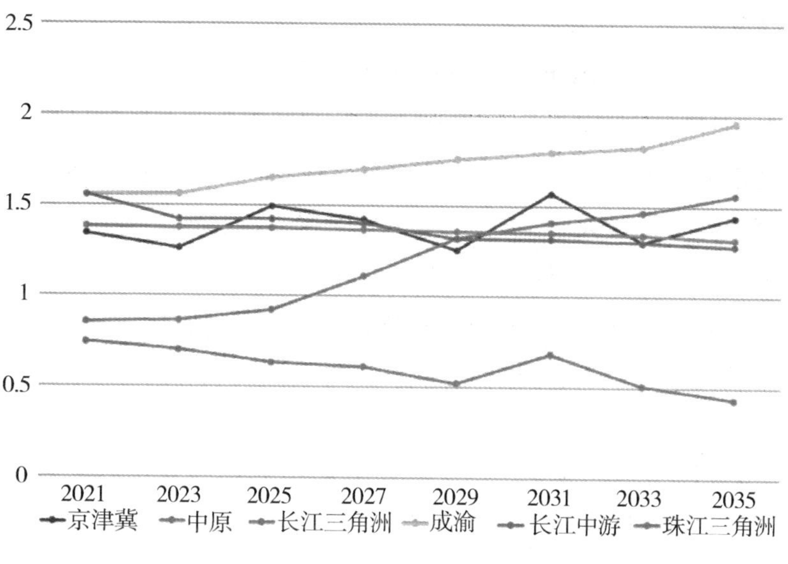

图 8-7　六大城市群经济要素 mono 指数变化趋势图

8.3　我国人口政策的调整对于教育经济发展的影响

人口政策是一个国家或地区调控社会经济发展的一种基本手段和职能，其是根据当前社会的经济环境发展状况和资源承载力所制定的人口生育相关调控政策。新中国建国初期到 20 世纪 90 年代期间，人力资本充裕，拥有巨大的人口红利，是中国经济增长的重要推动力量，然而我国 20 世纪 80 年代实施计划生育政策以来，我国人口结构迅速变化，老龄化，少子化，使得有效的人力资本急剧减少，我国经济面临着巨大的挑战。因此，本书应用前面所建立的 SSD 空间系统动力学模型，对我国人口政策的调整对于人口、经济、教育的影响就行了仿真模拟和分析。

由于空间系统动力学仿真涉及的空间单元非常多，仿真运行计算量巨大，耗时很长，并且随着仿真迭代的延长，其将会产生较大的误差，因此，本仿真截取 2020 年、2025 年和 2030 年，作为仿真截断面提取相关的仿真数据，运用 ArcGIS 软件对其仿真截面数据进行热力图呈现。

本书仿真假设在我国人口生育政策，采取一孩政策，二孩政策及多孩政策下，我国的经济、教育、人口空间分部将会是如何变化，通过其变化趋势进行解读和分析。

8.3.1　我国人口政策对于GDP增长的影响

(1)无论哪种生育政策，我国地区GDP整体都会呈现出东西部发展严重不平衡的情况，其中，北京，上海及东南沿海作为我国传统的经济发达地区，其经济持续展现出强劲的增长能力，尤其是以上海、浙江、江苏等珠三角一带为中心的，其在全国的经济中心地位没有发生明显改变。但在此基础之上，我国经济发展也呈现出扩散趋势，向东北地区，西南地区，其经济发展相对东南沿海地区有较为明显的扩散趋势。

2. 从不同的国家人口生育政策上来横向对比，我们可以看出，一孩政策，其经济发展趋势相对比较平缓，其在2030年对比2020年没有特别明显的变化，而采取三孩政策的人口政策前提下，我们可以发现，相对于一孩政策经济增长强度要高于一孩政策。

3. 从不同的国家生育政策来观察分析，无论是一孩政策，二孩政策还是多孩政策，其经济增长的强度并没有我们想象当中的大，究其原因，这和我们仿真的时间跨度只有短短的十年是密不可分的，因为人力资本的数量和质量都上升不是一朝一夕所能够完成的，这也就是我们所说的“十年树木，百年树人”，因此，我们制定人口政策应该具有长远的眼光，科学准确地预测和分析，才能够使我国家经济顺利平稳的增长。

8.3.2　我国人口政策对于人口增长的影响

(1)总体来说，在各种人口政策仿真模拟下，我国的人口分部一开始都集中在华中、华北相关区域，其次是四川盆地相关区域，这也是我国现阶段人口集中聚集的传统地域。

(2)随着人口的增长，人口逐渐的迁移向经济发达地区，比如东南沿海，珠三角地区，这个迁移过程是非常明显的。而随着仿真年限的延长迭代，除了人口向经济发达地区迁移之外，人口还呈现出一个向发达地区、周边地区扩散的趋势，这也是和我国经济发展的平衡性差异化逐渐缩小的趋势相吻合的。

(3)除了上述的总体相同特征之外，不同的人口生育政策导致的人口区域分布也存在着较为明显的不同的。在一孩政策下，人口向经济发达地区迁移的趋势性更加明显，也更加集中，人口的聚集特征较为突出。而相对于一孩儿政策，多孩的人口生育政策将会明显导致人口分布在集中趋势的大前提下，也呈现出部分区域的溢出扩散趋势。

8.3.3　我国人口政策对于教育水平增长的影响

（1）教育水平是体现着人力资本质量的重要指标，其是经济发展很重要的一个影响因素。因此，总体来说，我国的教育水平和我国经济增长发达地区的分布是呈正比的，正向相关的。我国人力资本教育水平较高的区域也分布在长三角地区，东南沿海和京津地区。

（2）总体来说，随着人口政策仿真迭代的进行，可以明显看出，教育水平分布地区有较明显的扩散趋势，其中，最明显的特点就是，东南沿海人力资本的教育水平有较为明显的增长，其次，在东北地区的教育水平也得到了显著的增强。可以看出，虽然人力资本的教育水平是和经济发展是有密切关联的，但是教育水平的分布又存在着其自身独特的特点，因此，我们在以后的政策，经济发展的规划当中，也要很好地利用人力资本教育水平的分布特点，发挥人力资本的最大效能。

（3）在一孩政策之下和多孩政策之下，人力资本的分布还是有着明显的不同，在一孩人口生育政策干预下，教育水平的分布相对的还是比较集中，而在多孩人口生育政策之下，教育水平的分布与经济增长的分布变化特征类似，呈现出较大的溢出扩散特征。

8.4　小结

本章基于前面已经建立的我国人口经济空间仿真模型，对基于空间维度的我国人口经济数据空间演化特征进行了仿真分析，在此基础之上，又着重对我国人口政策的调整，对于我国教育经济的发展影响进行了仿真和研究。

本书假设在一孩政策、二孩政策及多孩政策下，仿真模拟我国的经济、教育、人口空间分布演化状况，通过其变化趋势进行解读和分析。为了研究我国人口政策的调整对于人口、教育、经济发展的影响，本仿真研究截取2020 年、2025 年和 2030 年，作为仿真截断面提取相关的仿真数据，运用

ArcGIS 软件对其仿真截面数据进行热力图呈现。

研究表明，人口政策对于我国经济、教育和人口的增长以及空间分布都起到显著的影响作用。我国教育、经济和人口分布总体来说存在着很大的空间关系一致性。但是其又各自有不同的特点和差异，这就需要我们通过积极的深入了解我国人口、经济、教育空间分布以及它们的发展演化特点，因地制宜协调好各个因素，以期达到最有效率的资源分配和协同发展。

第 9 章　总结与政策建议

9.1　总结

9.1.1　人口政策与人口学研究现状

一个国家的人口政策是这个国家的基本国策，自从人类社会出现以来，人类就在不断地尝试着，制定着不同的适用于本身的人口政策，特别是近代以来，在人口政策的研究上，主要的集中于人力资本的研究，人力资本与经济增长理论的相关研究，在人力资本的研究当中，很大一部分也是关于人口预测模型的相关研究。我国人力资本的研究虽然发展得较晚，但是也探索出了适合我国国情的一整套关于人力资本的理论，其中，虽然也出现过波折，但是我国的学者关于人力资本人口政策的相关研究也取得了一系列的重要的成果，其中一个就是关于我国人口政策的研究和制定问题。

我国“一对夫妻，一个孩子”“晚婚晚育”的计划生育政策自 20 世纪 80 年代实施以来，中国的人口状况已经发生了转折性变化。首先，我国人口的生育率快速下降，中国已经进入低生育率国家。而在我国人口寿命显著增长和人口生育率水平极速下降的双重因素影响下，中国正快速进入人口老龄化阶段。由此带来的劳动力短缺现象逐步开始显现。相关统计指出，我国劳动力人口每年大约减少 200~300 万人，其对于我国社会经济长远发展带来了巨大的挑战。

上述的相关研究很多的是基于传统理论相关讨论和一些传统的数理统计方法所做出的相关预测结论。从未来的发展来看，人口与经济增长相关发展研究方法将沿三个方向进行，第一个方向是基础理论研究，依靠传统经典理论对人口、教育投资与经济增长影响因素就行理论分析，事实论述，逻辑推理和比较，是定性研究的主要途径。第二个方向是基于实践数据量化分析研究，对传统计量检验的完善，包括引入更多变量、对变量进行调整以具有现实性、定性因素的合理定量化假设等；第三个方向是沿非线性动态模型路线进行，以更复杂的数学模型更精确地模拟现实经济世界，这其中重要的发展就是实验经济学和动态系统仿真技术。其中，系统动力学(简称 SD—system dynamics)是其重要的实验理论之一，它的创始人 J. W. Forrester 提出了研究全球发展问题的“世界模型Ⅰ”和“世界模型Ⅱ”，在世界范围内引起了极大的反响。借助这样的经济学仿真实验方法在宏观经济学和微观经济学之间架起了桥梁，成功地演示和模拟了现实微观经济体所不具有的宏观社会经济系统“涌现”现象，是研究社会经济现象的有效的方法。而计算机仿真是这种方法实现的前提：(1)仿真的过程也是实验的过程，而且还是系统地收集和积累信息的过程，尤其是对一些复杂的随机问题，应用仿真技术是提供所需信息的唯一令人满意的方法；(2)对一些难以建立物理模型和数学模型的对象系统，可通过仿真模型来顺利地解决预测、分析和评价等系统问题；(3)通过系统仿真，可以把一个复杂系统降阶成若干子系统以便于分析；(4)通过系统仿真，能启发新的思想或产生新的策略，还能暴露出原系统中隐藏着的一些问题，以便及时解决。

本书主要运用了在现代经济学研究当中所用到的经济仿真方法，对我国人口政策与经济教育的发展进行了相关的仿真分析和研究。在这之中，首先运用知识图谱的方法，对于我国人口研究的现状进行了分析，研究表明目前国内人口研究具有如下特征：(1)我国人口研究大致分为初期起步、快速增长和成熟稳定三个阶段，随着人口老龄化的加重、“单独二孩”政策、“全面二孩”政策等现象和政策的出现，极大推动了人口研究的深度和广度；(2)我国人口研究的核心机构群，发现以中国人民大学、北京大学、中国社会科学院等为核心组成的较为明显的科研机构合作网络，形成了该学科领域稳定的有影响力的研究团队，天津、吉林、上海等地的研究机构也呈现较好的发展趋势；(3)人口研究作者受到从属单位、地域等多方面因素的影响，其不同研究作者团队间的协作关系稀松，学术联系较弱，作者之间的合作网络关系单一，没有形成稳固的作者合作群；(4)我国人口研究领域热点基本集中在如下几大方面：人口老龄化与影响因素、经济增长与人口红利、可持续发展战略与教育、计划生育与人口结构、人口流动与城镇化等。从演变趋势上看，我国人口研究早期主要关注于计划生育、人口控制等，现在研究热点趋势逐步转移到人口结构、人口流动、新型城镇化和城乡一体化、老龄化与养老产业的内容。另一方面，由于人口研究问题的基础性和复杂性，所以对城市研究、社会保障、农村建设等其他社会经济研究领域都有深刻的影响，形成了广泛的交叉性人口研究学科。

9.1.2　人口经济仿真模型与人口政策仿真

本书的主要经济仿真理论是基于系统动力学，首先通过利用 Citespace 及 Ucinet 对国内外系统动力学相关文献的发文量、期刊、机构、作者、关键词等数据进行整理和分析，从文献计量学角度以可视化图谱的方式对系统动力学的研究及发展情况、系统动力学研究代表人物及经典著作、主要期刊及机构、研究热点及趋势等方面进行探索。在上述理论探讨和研究的基础之上，本书构建了我国人口政策与教育经济系统动力学的模型框架，并且对之进行了子系统的构建、结构方程的建立以及系统模型的科学性检验，并且运用这个仿真框架模型对我国人口和教育经济发展进行了实际的仿真，分别对人口子系统仿真、教育子系统仿真和经济子系统仿真进行了研究。

系统动力学具有仿真复杂经济系统的优势，使其成为区域经济仿真的重要方法，但由于系统动力学本身的缺陷，它不能仿真区域经济的经济网络结构(空间结构)。单纯的系统动力学方法不能满足具有空间特征的社会经济研究的需要，特别是对空间结构变化的仿真，而这恰恰是人口学相关研究的重点内容，相关领域的研究人员只能对现有的历史数据进行长时间的分析，无法对人口未来的空间变化进行预测和模拟，提出的政策和建议只能基于历史数据，无法进行验证。因此，将空间系统动力学应用于区域人口经济仿真，拓展系统动力学的空间结构仿真能力研究势在必行。

为了解决上述问题，本书设计并实现了基于空间人口经济系统动力学的动态空间经济仿真框架，利用该框架建立了我国人口经济的仿真模型，对我国人口经济进行了时间序列和空间结构仿真，并对发布结果进行了检验和分析。在此基础上，编程建立客户端程序提供用户数据和模型输入功能，以及仿真结果和分析结果的可视化。基于上面已经建立的我国人口经济空间仿真模型，对基于空间维度的我国人口经济数据空间演化特征进行了仿真分析，在此基础之上，又着重对我国人口政策的调整，对于我国教育经济的发展影响进行了仿真和研究。

本书假设在一孩政策、二孩政策及多孩政策下，仿真模拟我国的经济、教育、人口空间分布演化状况，通过其变化趋势进行解读和分析。为了研究我国人口政策的调整对于人口、教育、经济发展的影响，本仿真研究截取2020年、2025年和2030年，作为仿真截断面提取相关的仿真数据，运用ArcGIS软件对其仿真截面数据进行热力图呈现。研究表明，人口政策对于我国经济、教育和人口的增长以及空间分布都起到显著的影响作用。我国教育，经济和人口分布总体来说存在着很大的空间关系一致性。但是其又各自有不同的特点和差异，这就需要我们通过积极的深入了解我国人口、经济、教育空间分布以及它们的发展演化特点，因地制宜协调好各个因素，以期达到最有效率的资源分配和协同发展。

9.2 政策建议

9.2.1 加强二孩政策的推行力度，具体落实三孩政策实施

由上面的研究可知，当在理想二孩政策和三孩政策下，能有效地减小我国总人口下降的趋势，并且能提高我国的劳动力人口数和儿童的数量，劳动力数量的增加能够提高人力资本数量和质量，优化我国人口结构，能有效减缓我国老龄化趋势。虽然完全二孩政策已经执行，但效果并不算太好。人们的婚姻观逐渐弱化，很多人都选择只生育一个孩子或者不婚，大大降低了我国新生儿的出生率。鉴于此种情况，为应对我国人口状况的严重程度，2021年5月31日中共中央政治局召开会议，听取“十四五”时期积极应对人口老龄化重大政策举措汇报，审议《关于优化生育政策促进人口长期均衡发展的决定》，提出进一步优化生育政策，实施一对夫妻可以生育三个子女政策及配套支持措施。多孩政策将进一步激发人口生育潜力和意愿，但除了好的政策，

更重要的是把政策落到实处，推出具体有效的实施措施，将二孩、三孩政策落实好，因此，政府应该加强鼓励人口生育政策的推行力度，增加各种二孩福利政策，鼓励生育，控制我国总人口、劳动力人口和新生人口在适当的范围，为我国经济社会发展提供基本的人力资本保障。

9.2.2　提高国民教育水平，优化人口结构

教育是提高人民综合素质、促进人的全面发展的重要途径，是民族振兴、社会进步的重要基石，是对中华民族伟大复兴具有决定性意义的事业。从仿真实验来看，在现今的生育率下，于 2020 年，我国人均受教育年限在 9 年到 10 年之间，也就是初中水平，直到 2050 年人均受教育年限为 11，因此总体受教育水平并不高。当在此基础上提高初中和高中的升学率后，人均受教育年限在 2050 年将达到 12 年。所以提高升学率有利于提升我国的教育水平以及人们的受教育程度。并且仿真结果表明，在只提高生育率的情况下，人均 GDP 是在下降的，同时提高生育率和升学率后发现，人均 GDP 有明显的增长。因此在提高我国生育率的同时，还要进一步提高教育水平和质量，优化我国人口结构。

提高国民教育水平是一个国家最基本的职能之一，在我国现阶段的发展当中尤为重要，其涉及教育制度的改革、教育公平的优化、教育配置的有效，其对当前我国教育选拔制度、师资力量、经费投入都提出了巨大的挑战，其和优化人口结构两个任务是相辅相成、共同所发展的，也是摆在我国现阶段发展过程当中一个要解决的基本问题。我们只有不断完善教育制度的改革，全心全力地推进教育资源均衡配置，不断加大教育投入力度，改善办学条件，才能真正提高国民教育质量，优化人力资本结构。只有两者共同发展，才能够有效地推进我国社会经济的全面发展。

9.2.3　切实加强科技水平发展，鼓励科技创新

如果说人力资本是社会经济发展的能动力量，那么科学技术是人力资本有效利用和经济发展的直接推动力，科学技术极大地增强了人力资本使用的效率，其是一个国家和地区社会经济发展的一个重要的指标，科学技术发展水平直接决定了人力资本的有效利用程度，是人力资本质量衡量的一个重要指标。当今世界，科学和技术的发展迅猛，世界范围内的经济、科技竞争日

益激烈，这对我国的科技发展提出了严峻的挑战，特别是在当今社会，我国的科学技术水平已经在各个方面与世界上许多先进国家的科学技术水平形成了一个相互竞争、又相互合作的关系。在此大背景下，谁在新时期的科技上占上风，谁就可以在新时期的国际竞争中处于领先地位，因此，应当从战略的高度将科技置于优先地位。而且科技与教育是相辅相成的，科技的进步能推动教育水平的发展，教育水平都提高将会为科技水平的进步提供基本的人力资本推动力量。而科技水平的进步，最重要的一个渠道就是创新，创新是一个社会进步的发动机，其是社会经济、人口教育水平及当前基础科技水平一个共同作用的体现，因此我们应当切实重视科技发展的投入，积极学习各种先进的科学技术，加强科技研发力度，大力鼓励大学生自主创新创业，并给予实实在在的政策支持和引导。

9.2.4 提升人口的劳动参与率，充分挖掘人力资本潜力

人力资源是我国经济发展不可或缺的源动力。由于我国老龄化形势日益严重，劳动力已成为十分短缺的资源，因此增加我国的劳动力人口的需求非常迫切。通过提高我国的生育率，增加我国新生人口可以有效增加我国劳动力人口，但新增人口需要很长一段时间才能成为劳动力人口，有一定的时间延迟。因此，为了解决当前劳动力短缺的问题，除了增加劳动力的供给数量、提高人力资本质量、完善优化人口结构之外，还要通过提高人们的劳动积极性来提升劳动参与率，进而达到增加劳动力人口的目的。所以，国家要鼓励年轻人积极就业，增加创业补贴和就业奖励，不断增强适龄人口的劳动积极性。此外，还可以通过提高女性和老年人的劳动参与率补充劳动力供给，充分利用我国人口结构特点。在促进老年人力资源开发方面，可以增加老年人就业的保障制度，并对雇佣老年人的企业给予补贴；在促进女性就业方面，可以通过减轻女性的幼儿抚养负担，有效改善女性就业环境，让女性可以真正做到同时兼顾工作家庭。

9.2.5 加大保护环境投入力度，保障社会经济持续稳定发展

随着社会高速发展的经济建设和城市化建设进程，环境污染与防治相关问题越来越受到人们的关注。现如今全球生态环境面临各种危机如温室效应日益严重、臭氧层空洞、冰川日益消融、海平面上升、森林面积减少、乱砍

滥伐现象严重、濒危生物物种消逝、酸雨现象扩散等。各种生态环境危机现象使环境污染与防治工作显得越发重要，需要引起重点关注。在前面的分析中可见，当加大固废处理投资时，能减少环境污染总量，而环境污染总量的减少能进一步减轻我国用于治理环境的经济负担。而且提升环境质量，不仅能够使人们生活在一个更为舒适的环境，还能减少因环境污染而造成的人口死亡数量，保障劳动力人口的质量和数量，才能够为经济发展提供有效的人力和自然资源供给。未来的社会绝对是人与自然和谐相处的社会，只有处理好人和自然的关系，两者才能长久共存。因此，应当加大环境投资比，重视环境保护的各项工作，加强环境保护观念的普及，不断提升人们的环保意识。

9.3　不足与展望

如前所述，从研究内容上，本书从我国人口政策的变迁开始，进行历史沿革分析，进行一种动态的演化博弈分析和序列分析，不仅仅包含人口数量，也包含人口结构、区域分布和人口质量对教育经济的关联度定性阐述和定量数据研究。而社会系统是一个复杂的动态系统，其不仅仅包括时间维度，还包括了空间维度。系统动力学及其延伸出的空间系统动力学虽然在建立社会系统中体现了很大的优势，但依然存在一些不足，例如：由于所建立的社会系统的复杂性，建模对象不可能面面俱到；由于数据的收集时会有很大的困难，且难以避免存在噪声数据以及数据缺失，可能导致选取的数据库的完备性和可取得性、数据量的不足等问题；由于结构方程的建立需要用到一些统计学模型，其本身就可能会有系统性偏差；由于社会经济系统建模所需要的统计指标比较多，有些参数难以估计等。这些都可能会使研究结果不够全面，分析得到的结果必然会存在偏差。

本仿真模型只研究了这个复杂系统的主要结构，而对有些影响因素进行了简化取舍，这也是所有仿真系统的共同特点。例如：在建立人口子系统时，只用政策系数代表了我国的生育政策，并没有进一步细化我国的政策结构；在教育子系统中，只设置为大专及以上阶段，并没有细化高学历；在经济子系统中只考虑了环境污染对经济的影响，但没有考虑资源浪费对经济的影响；在环境子系统中，对污染物的考虑还不够全面；在资源子系统中只考虑了水资源和土地资源，并没有考虑矿产资源和能源等，并且土地资源只考虑了耕地资源。因此，本书设计实现的动态空间经济仿真框架，拓展了系统动力学的空间经济仿真能力，设计实现的仿真平台进一步提高了框架的通用性和实用性，但是仍有需要改进之处。

(1)在系统动力学模型建立之初，仍需借助现有的建模软件(vensim)建立初始仿真模型，同时建立模型的建立过程中仍需要大量的经验分析法对变量进行调节，无法完全实现框架的自动化，因此开发在线模型编辑功能以求在仿真环境中添加或删除变量是框架进一步的研究方向之一。

(2)在系统动力学模型中添加空间变量时，本书由于研究范围所限简化了相关变量之间的关系，仅使用一个变量来代表空间影响因素，因此可以对空间要素进行更深入的研究以确定其对系统其他变量的影响。

(3)本书所建立的基于城市空间的系统动力学仿真模型，由于所仿真的城市数量众多，参数调节工作量巨大，因此相较于其他系统动力学研究，本模型误差率较大，虽然对于经济仿真而言，其重点在于对发展趋势变化的仿真而不是具体经济指标的模拟，但具体指标的误差率可以反映模型的准确率，准确率较高的模型具有更强的说服力，因此进一步开发模型变量分析功能、降低模型的误差率是提高框架实用性的方向之一。

参考文献

[1]朱秋莲. 建国以来党的人口生育政策变迁研究[D]. 长沙：湖南师范大学，2013.

[2]毕菲. 我国人力资本投资对经济增长的影响研究[D]. 长春：吉林大学，2018.

[3]曹斯蔚. 人力资本理论研究综述[J]. 时代金融，2017(14)：246-247.

[4]韩静. 人力资本研究献综述[J]. 西部皮革，2016，38(18)：208.

[5]钟红静. 生育政策对中国人口结构变化的影响[D]. 北京：首都经济贸易大学，2016.

[6]张翠玲. 我国生育间隔政策变动对我国生育水平及生育模式的影响[D]. 长春：吉林大学，2019.

[7]高敏雪，翟佳琪. 固定资产投资是一个过程——《中国统计年鉴》“固定资产投资”专题解读[J]. 中国统计，2011(03)：46-47.

[8]宋书杰，陆旸. 中国人口与宏观经济问题研究综述[J]. 人口研究，2020，44(06)：114-125.

[9]吴丽丽. 中国生育问题研究综述：2006—2007[J]. 河南教育学院学报(哲学社会科学版)，2008(02)：93-98.

[10]沈利生，乔红芳. 重估中国的资本存量：1952—2012[J]. 吉林大学社会科学学报，2015，55(04)：122-133+252.

[11]丁婕. 北京市经济环境人口协调发展系统动力学仿真[D]. 北京：北京林业大学，2012.

[12]卢蝶. 基于系统动力学的再生水资源定价研究[D]. 杭州：杭州电子科技大学，2019.

[13]桑朝旭. 基于系统动力学的兰州市循环经济系统仿真研究[D]. 西安：西安科技大学，2018.

[14] Forrester J W . Industrial Dynamics：A Major Breakthrough for Decision Makers[J]. Harvard business review，1958，36(4).

[15]王其藩，蔡雨阳，贾建国. 回顾与评述：从系统动力学到组织学习[J]. 中国管理科学，2000(S1)：237-247.

[16]陈行亮. 论情报研究系统动力学仿真[J]. 图书情报知识，1991(03)：44.

[17]吴爱芝. 信息技术进步与文献计量学发展[J]. 现代情报，2016，36(02)：32-37.

[18]马超. 反思与超越：科学知识图谱在新闻传播学的知识生产检视[J]. 新闻与传播评论，2018，71(06)：121-136.

[19]储节旺，于楚洪. 知识管理若干典型研究方法[J]. 现代情报，2012，32(07)：3-7+16.

[20] Ghaffarzadegan N，Rad A A，Xu R，et al. Dell´s SupportAssist customer adoption model：enhancing the next generation of data - intensive support services[J]. System Dynamics Review，2018(1).

[21] Debolini M，Marraccini E，Dubeuf J P，et al. Land and farming system dynamics and their drivers in the Mediterranean Basin[J]. Land Use Policy，2018：S0264837717303538.

[22]佟贺丰，杨岩. 面向决策支持的空间系统动力学模型研究进展[J]. 情报学报，2017，36(12)：1233-1240.

[23]姜春林. 普赖斯与科学计量学[J]. 科学学与科学技术管理，2001(09)：20-22.

[24]贾仁安，胡玲，丁荣华，朱丽萌，万景平. SD简化流率基本入树模型及其应用[J]. 系统工程理论与实践，2001(10)：137-144.

[25]毕克新，孙德花，李柏洲. 基于系统动力学的制造业企业产品创新与工艺创新互动关系仿真研究[J]. 科学学与科学技术管理，2008，29(12)：

75-80. 贾仁安，伍福明，徐南孙. SD 流率基本入树建模法[J]. 系统工程理论与实践，1998(06)：19-24.

[26]佟贺丰，杨阳，王静宜，封颖. 中国绿色经济发展展望——基于系统动力学模型的情景分析[J]. 中国软科学，2015(06)：20-34.

[27]Forrester J W . System Dynamics, Systems Thinking, and Soft OR[J]. System Dynamics Review, 1970, 10(2-3)：245-256.

[28]Sterman, J D . Modeling Managerial Behavior：Misperceptions of Feedback in a Dynamic Decision Making Experiment[J]. Management Science, 1989, 35(3)：321-339.

[29]黄振中，王艳，李思一，丁凡，吴叶军. 中国可持续发展系统动力学仿真模型[J]. 计算机仿真，1997(04)：3-7.

[30]宋世涛，魏一鸣，范英. 中国可持续发展问题的系统动力学研究进展[J]. 中国人口·资源与环境，2004(02)：43-49.

[31]张在旭，王只坤，侯风华，姜梅芳，付峰，李新民. 石油勘探开发可持续发展 SD 模型的建立与应用[J]. 工业工程，2002(02)：1-6.

[32]杨珺，李金宝，卢巍. 系统动力学的碳排放政策对供应链影响[J]. 工业工程与管理，2012，17(04)：21-30.

[33]罗昌，贾素玲，王惠文. 基于系统动力学的供应链稳定性研究[J]. 系统仿真学报，2008(14)：3815-3819+3824.

[34]李洪波，熊励，刘寅斌. 基于系统动力学的信息管理研究：框架与综述[J]. 情报科学，2017，35(02)：164-170.

[35]刘加伶，时岩钧，陈庄，朱艳蓉，石良娟. "长江经济带"背景下政府补贴与企业生态建设行为分析[J]. 重庆师范大学学报(自然科学版)，2019，36(03)：139-146.

[36]高航，丁荣贵. 基于系统动力学的网络舆情风险模型仿真研究[J]. 情报杂志，2014，33(11)：7-13.

[37]Godde, C (Godde, Cecile); Dizyee, K (Dizyee, Kanar). Climate Change and Variability Impacts on Grazing Herds：Insights From a System Dynamics Approach for Semi-arid Australian Rangelands. Global Change Biology[J].

2019，25(9)：3091-3109

[38]李建伟，周灵灵. 中国人口政策与人口结构及其未来发展趋势[J]. 经济学动态，2018(12)：17 -36.

[39]穆光宗，张团. 我国人口老龄化的发展趋势及其战略应对[J]. 华中师范大学学报(人文社会科学版)，2011，50(05)：29-36.

[40]段平忠，刘传江. 人口流动对经济增长地区差距的影响[J]. 中国软科学，2005(12)：99-110.

[41]孟令国，李超令，胡广. 基于PDE模型的中国人口结构预测研究[J]. 中国人口·资源与环境，2014，24(02)：132-141.

[42]原新. 我国生育政策演进与人口均衡发展——从独生子女政策到全面二孩政策的思考[J]. 人口学刊，2016，38(05)：5-14.

[43]李杰，陈超美. CiteSpace：科技文本挖掘及可视化[M]. 北京：首都经济贸易大学出版社，2016.

[44]陈悦，陈超美，胡志刚等. 引文空间分析原理与应用：CiteSpace 实用指南[M]. 北京：科学出版社，2014.

[45]陈悦，陈超美，刘则渊等. CiteSpace 知识图谱的方法论功能[J]. 科学学研究，2015，33(2)：24 2-253.

[46]刘军. 整体网分析讲义：UCINET 软件实用指南 [J]. 上海：格致出版社，2009.

[47]王树新. 北京市人口老龄化与积极老龄化[J]. 人口与经济，2003(04)：1-7+13.

[48]马瀛通. 重新认识中国人口出生性别比失调与低生育水平的代价问题[J]. 中国人口科学，2004(01)：4-15+81.

[49]李若建. 关于地方性流动人口计划生育管理法规的几点探讨[J]. 人口学刊，2003(01)：56-61.

[50]涂肇庆，原新. 替代迁移：解决都市低生育水平人口问题的途径——以天津市为例[J]. 人口研究，2001(05)：2-8.

[51]王琳. 中国人口政策与社会发展[J]. 中国劳动关系学院学报，2019，33

(05)：116-124.

[52]Borgatti, S. P., Everett, M. G. and Freeman, L. C. (2002) UCINET 6 for Windows: Software for social network analysis. Analytic Technologies, Harvard.

[53]高凯，汪泓，刘婷婷. 劳动人口健康水平影响因素及健康状况演变趋势[J]. 社会科学研究，2018(01)：38-47.

[54]高迎浩，程永佳. 经济和心理的双重困境——城市流动人口生存状况研究[J]. 武汉理工大学学报(社会科学版)，2015，28(01)：71-75.

[55]倪红福，李善同，何建武. 人口结构变化对消费结构及储蓄率的影响分析[J]. 人口与发展，2014，20(05)：25-34.

[56]陈丙欣，叶裕民. 中国流动人口的主要特征及对中国城市化的影响[J]. 城市问题，2013(03)：2-8.

[57]张车伟，蔡翼飞. 中国城镇化格局变动与人口合理分布[J]. 中国人口科学，2012(06)：44-57+111-112.

[58]段成荣，刘涛，吕利丹. 当前我国人口流动形势及其影响研究[J]. 山东社会科学，2017(09)：63-69.

[59]吕利丹，段成荣，刘涛，靳永爱. 对我国流动人口规模变动的分析和讨论[J]. 南方人口，2018，33(01)：20-29.

[60]王宇鹏. 人口老龄化对中国城镇居民消费行为的影响研究[J]. 中国人口科学，2011(01)：64-73+112.

[61]游士兵，蔡远飞. 人口老龄化对经济增长影响的动态分析——基于面板VAR模型的实证分析[J]. 经济与管理，2017，31(01)：22-29.

[62]石人炳，陈宁. 单独二孩政策实施对出生人口性别比的影响研究[J]. 华中师范大学学报(人文社会科学版)，2015，54(02)：27-33.

[63]梁同贵. 乡城流动人口生育男孩偏好及其影响因素分析——基于与农村本地人口的比较[J]. 湖南农业大学学报(社会科学版)，2017，18(06)：40-50.

[64]邱均平，李佳靓. 基于社会网络分析的作者合作网络对比研究——以《情报学报》、《JASIST》和《光子学报》为例[J]. 情报杂志，2010，29(11)：

1-5.

[65]鲍杨，朱庆华. 近10年我国情报学研究领域主要作者和论文的可视化分析——基于社会网络分析方法的探讨[J]. 情报理论与实践，2009，32(04)：9-13+3.

[66]廖万力. 中国的人口红利与经济增长[J]. 时代金融，2018(30)：12.

[67]蔡昉. 未来的人口红利——中国经济增长源泉的开拓[J]. 中国人口科学，2009(01)：2-10+111.

[68]吴宾，唐薇. 基于知识图谱的国内养老政策研究热点主题与演化路径(2005-2016)[J]. 人口与发展，2018，24(02)：101-112.

[69]陈咏媛. 新中国70年农村劳动力非农化转移：回顾与展望. 北京工业大学学报(社会科学版)，2019(4)：18-28.

[70]董晓花，王欣，陈利. 柯布——道格拉斯生产函数理论研究综述[J]. 生产力研究，2008(03)：148-150.

[71]Tesfatsion，L.，Agent-Based Computational Economics：Growing Economies From the Bottom Up[C]. Artificial Life，2002. 8(1)：55-82.

[72]罗杭，张毅孟，庆国. 基于多智能体的城市群政策协调建模与仿真[J]. 中国管理科学，2015(01)：89-98.

[73]Hsieh，D. A.，Chaos and nonlinear dynamics：application to financial markets[J]. The journal of finance，1991. 46(5)：1839-1877.

[74]Milačić，L.，et al.，Application of artificial neural network with extreme learning machine for economic growth estimation[J]. Physica A：Statistical Mechanics and its Applications，2017. 465：285-288.

[75]钟永光，贾晓菁，李旭. 系统动力学[M]. 北京：科学出版社，2009.

[76]Ogata，K，JianYou H，System dynamics[M]. 北京：机械工业出版社，2005.

[77]种照辉，覃成林，叶信岳，城市群经济网络与经济增长——基于大数据与网络分析方法的研究[J]. 统计研究，2018. 35(01)：13-21.

[78]Huggins，R.，P. Thompson，A Network-based view of regional growth[J]. Journal of Economic Geography，2014. 14(3)：511-545.

[79]赵璟，党兴华，城市群空间结构演进与经济增长耦合关系系统动力学仿真[J]．系统管理学报，2012．21(04)：444-451．

[80]赵璟，党兴华，系统动力学模型在城市群发展规划中的应用[J]．系统管理学报，2008(04)：395-400+408．

[81]曹清峰，倪鹏飞，中国城市体系的层级结构与城市群发展——基于城市全球竞争力、全球联系度及辐射能力的分析[J]．西部论坛，2020：1-13．

[82]Lin, J., M. M. Naim, V. L. M. Spiegler, Delivery time dynamics in an assemble-to-order inventory and order based production control system[J]. International Journal of Production Economics, 2019: 107531.

[83]Hu, W., et al., Using system dynamics to analyze the development of urban freight transportation system based on rail transit: A case study of Beijing[J]. Sustainable Cities and Society, 2020. 53: 101923.

[84]Ricciardi, F., P. De Bernardi, V. Cantino, System dynamics modeling as a circular process: The smart commons approach to impact management[J]. Technological Forecasting and Social Change, 2020. 151: 119799.

[85] Stadnicka, D, P. Litwin, Value stream mapping and system dynamics integration for manufacturing line modelling and analysis[J]. International Journal of Production Economics, 2019. 208: 400-411.

[86]Phonphoton, N, C. Pharino, A system dynamics modeling to evaluate flooding impacts on municipal solid waste management services [J]. Waste Management, 2019. 87: 525-536.

[87]Dianati, K., et al., Household air pollution in Nairobi´s slums: A long-term policy evaluation using participatory system dynamics[J]. Science of The Total Environment, 2019. 660: 1108-1134.

[88]Elsawah, S., et al., An overview of the system dynamics process for integrated modelling of socio-ecological systems: Lessons on good modelling practice from five case studies[J]. Environmental Modelling & Software, 2017. 93: 127-145.

[89]Mutingi, M., C. Mbohwa , V. P. Kommula, System dynamics approaches to

energy policy modelling and simulation[J]. Energy Procedia, 2017. 141: 532-539.

[90]Fontoura, W. B., G. D. L. D. Chaves, G. M. Ribeiro, The Brazilian urban mobility policy: The impact in São Paulo transport system using system dynamics[J]. Transport Policy, 2019. 73: 51-61.

[91]Liu, H., et al., Research on the coordinated development of greenization and urbanization based on system dynamics and data envelopment analysis——A case study of Tianjin[J]. Journal of Cleaner Production, 2019. 214: 195-208.

[92]Bakhshianlamouki, E., et al., A system dynamics model to quantify the impacts of restoration measures on the water-energy-food nexus in the Urmia lake Basin, Iran[J]. Science of The Total Environment, 2020. 708: 134874.

[93]Tang, M., et al., Exploring CO2 mitigation pathway of local industries using a regional - based system dynamics model [J]. International Journal of Information Management, 2020: 102079.

[94]Saavedra M., M. R., C. H. de O. Fontes, F. G. M. Freires, Sustainable and renewable energy supply chain: A system dynamics overview [J]. Renewable and Sustainable Energy Reviews, 2018. 82: 247-259.

[95]Musse, J. D. O., et al., Applying backcasting and system dynamics towards sustainable development: The housing planning case for low-income citizens in Brazil[J]. Journal of Cleaner Production, 2018. 193: 97-114.

[96]Liu, L., B. Zheng, K. B. Bedra, Quantitative analysis of carbon emissions for new town planning based on the system dynamics approach[J]. Sustainable Cities and Society, 2018. 42: 538-546.

[97]佟宝全, 基于系统动力学的城市群发展情景仿真模拟——以呼包鄂地区为例[J]. 干旱区资源与环境, 2017. 31(04): 34-40.

[98]徐升华, 吴丹, 基于系统动力学的鄱阳湖生态产业集群“产业-经济-资源”系统模拟分[J]. 资源科学, 2016. 38(05): 871-887.

[99]刘承良, 颜琪, 罗静, 武汉城市圈经济资源环境耦合的系统动力学模拟

[J]. 地理研究, 2013. 32(05): 857-869.

[100]周李磊等, 重庆经济-资源-环境发展的系统动力学分析及不同情景模拟[J]. 重庆师范大学学报(自然科学版), 2015. 32(03): 59-67.

[101]肖仁俊等, 新疆能源可持续发展的系统动力学模型与分析[J]. 管理评论, 2014. 26(08): 31-41.

[102]Ahmad, S, S. P. Simonovic, Spatial System Dynamics: New Approach for Simulation of Water Resources Systems[J]. Journal of Computing in Civil Engineering, 2004. 18(4): 331-340.

[103][Zhang, B. A study of GIS-SD based temporal-spatial modelling of water quality in water pollution accidents[C]. in ISPRS Congress Beijing 2008, Proceedings of Commission II. 2008: Reed Business-Geo Beijing.

[104]BenDor, T. K., S. S. Metcalf, The spatial dynamics of invasive species spread. System Dynamics Review[J]: The Journal of the System Dynamics Society, 2006. 22(1): 27-50.

[105]Ye, H., et al. Integrating GIS and urban spatial system dynamic model for urban expansion analysis[C]. GEOINFORMATICS'2008, 2008.

[106]Neuwirth, C., A. Peck and S. P. Simonović, Modeling structural change in spatial system dynamics: A Daisyworld example [J]. Environmental Modelling & Software, 2015. 65: 30-40.

[107]Xu, D., et al., A spatial system dynamic model for regional desertification simulation-A case study of Ordos, China[J]. Environmental Modelling & Software, 2016. 83: 179-192.

[108]Liu, D., X. Zheng , H. Wang, Land-use Simulation and Decision-Support system (LandSDS): Seamlessly integrating system dynamics, agent-based model, and cellular automata [J]. Ecological Modelling, 2020. 417: 108924.

[109]Rich, K. M., M. Rich, K. Dizyee, Participatory systems approaches for urban and peri-urban agriculture planning: The role of system dynamics and spatial group model building[J]. Agricultural Systems, 2018. 160: 110

-123.

[110] Wu, D., S. Ning, Dynamic assessment of urban economy-environment-energy system using system dynamics model: A case study in Beijing[J]. Environmental Research, 2018. 164: 70-84.

[111] Guan, D., et al., Modeling , dynamic assessment of urban economy-resource-environment system with a coupled system dynamics-geographic information system model[J]. Ecological Indicators, 2011. 11(5): 1333-1344.

[112] 余洁，边馥苓与胡炳清，基于GIS和SD方法的社会经济发展与生态环境响应动态模拟预测研究[J]. 武汉大学学报（信息科学版），2003(01): 18-24.

[113] Wan, L., et al., A study of regional sustainable development based on GIS/RS and SD model—Case of Hadaqi industrial corridor[J]. JOURNAL OF CLEANER PRODUCTION, 2017.

[114] Maxwell, T. C. R., An Open Geographic Modeling Environment[J]. SIMULATION, 1997(3): 175-185.

[115] Voinov, A., et al., Modular ecosystem modeling[J]. Environmental Modelling & Software, 2004. 19(3): 285-304.

[116] Muetzelfeldt, R., J. Massheder, The Simile visual modelling environment[J]. European Journal of Agronomy, 2003. 18(3): 345-358.

[117] Mazzoleni, S., et al., Integration of system dynamics models and geographic information systems[C], in the European Simulation and Modelling Conference. 2003: Naples. Urban Cluster Evolution

[118] Mazzoleni, S., et al., A new raster-based spatial modelling system: 5D environment[J]. 2006.

[119] Salter, R. M., Nova: A Modern Platform for System Dynamics, Spatial, and Agent-based Modeling[J]. Procedia Computer Science, 2013. 18: 1784-1793.

[120] Wingo, P., A. Brookes, J. Bolte, Modular and spatially explicit: A novel approach to system dynamics[J]. Environmental Modelling & Software,

2017. 94：48-62.

[121]佟贺丰，杨岩，面向决策支持的空间系统动力学模型研究进展[J]. 情报学报，2017. 36(12)：1233-1240.

[122]裴相斌，赵冬至，基于 GIS-SD 的大连湾水污染时空模拟与调控策略研究[J]. 遥感学报，2000(02)：118-124.

[123] Neuwirth，C.，B. Hofer ，A. Peck，Spatiotemporal processes and their implementation in Spatial System Dynamics models[J]. Journal of Spatial Science，2015. 60(2)：277-288.

[124] Houghton，J. PySD[EB/OL]. (2015)[2020-2-10]，https：//pysd.readthedocs.io/en/master/.

[125]周李磊等，重庆经济-资源-环境发展的系统动力学分析及不同情景模拟[J]. 重庆师范大学学报(自然科学版)，2015. 32(03)：59-67.

[126]梁林，曹文蕊，刘兵，京津冀人才资源配置政策仿真和优化路径研究[J]. 中国人力资源开发，2019. 36(03)：91-100.

[127]马军杰，杨立媛，基于系统动力学的上海科技政策评价研究[J]. 科研管理，2017. 38(S1)：462-469.

[128]钱春蕾，叶菁，陆潮，基于改进城市引力模型的武汉城市圈引力格局划分研究[J]. 地理科学进展，2015. 34(02)：237-245.

[129]孟德友，陆玉麒，基于引力模型的江苏区域经济联系强度与方向[J]. 地理科学进展，2009. 28(05)：697-704.

[130] Cui，P，D. Li，A SNA-based methodology for measuring the community resilience from the perspective of social capitals：Take Nanjing，China as an example[J]. Sustainable Cities and Society，2020. 53.

[131] Nicholas C. Zakas，李松峰(译)与译曹力(译)，JavaScript 高级程序设计[M]. 北京：人民邮电出版社，2012.

[132] Grinberg，M. 与安道(译)，Flask Web 开发：基于 Python 的 Web 应用开发实战[M]. 北京：人民邮电出版社，2015.